D1728822

WanderFritz 2

62 Wandertouren durch die Schweiz

Impressum

Weltbild Buchverlag
– Originalausgaben –
© 2015 Weltbild Verlag GmbH, Industriestrasse 78, CH-4609 Olten
© der «Wandern täglich»-Ausgabe: Rothus AG, Solothurn

ISBN 978-3-03812-596-9

Konzept: Fritz Hegi, Lukas Heim, Ronald Gohl
Umschlagsgestaltung: Thomas Uhlig, www.coverdesign.net
Karten Wanderkapitel: Rothus AG, Solothurn
Karten Regionen: Edition Lan AG, Bäretswil
Fotos Umschlag: Fritz Hegi
Fotos Vorwort: Keystone (2793321), Schweizer Landliebe/Karl-Heinz Hug
Layout: Edition Lan AG, Bäretswil / www.editionlan.ch

Hinweis zu dieser Ausgabe
Die beliebten Touren mit dem Titel «Wandern täglich» aus der ehemaligen Coop-Bücher-Reihe sind mit dieser Neuausgabe wieder erhältlich. Der Autor hat 50 der bisherigen Touren aus der alten Ausgabe aktualisiert und mit zwölf neuen Wandertouren ergänzt.

Die Ratschläge, Bilder und Routenvorschläge in diesem Buch sind von Autor und Verlag sorgfältig erwogen und geprüft worden, dennoch kann eine Garantie nicht übernommen werden. Die Reisen, Ausflüge und Wanderungen nach diesen Vorschlägen erfolgen auf eigene Gefahr. Eine Haftung des Autors bzw. des Verlages und seiner Beauftragten für Personen-, Sach- und Vermögensschäden aller Art, die aus den im Buch gemachten Hinweisen resultieren, ist ausgeschlossen. Fahrplan- und Fahrpreisänderungen bzw. Eintrittspreise sowie Einstellung des Betriebes der im Buch vorgestellten Transportunternehmen und Freizeitbetriebe, Museen etc. sind ausdrücklich vorbehalten. Mit möglicherweise erkennbaren Personen hat der Autor keine Einverständniserklärung bezüglich der Persönlichkeitsrechte getroffen. Der Autor verweist in diesem Fall auf das «Recht auf das eigene Bild» hin und übernimmt für Veröffentlichung solcher Bilder keine Haftung.

Besuchen Sie uns im Internet:
www.weltbild.ch
www.kidoh.ch
www.1001.ch
www.wanderfritz.ch

Fritz Hegi

62 Wandertouren durch die Schweiz

Weltbild

Inhaltsverzeichnis

Fotos: Fritz Hegi

4

5

Freude herrscht in der WanderSchweiz

Faszination unseres Daseins. Als Kandersteger gehört die Nähe und die Kraft der Berge, die Weite des Himmels, das satte Grün der Wiesen, die kargen Felsen und das tobende Rauschen eines Wasserfalls zu den prägenden Eindrücken meiner Kindheit. All diese vielfältigen Dimensionen kommen in der Hektik des heutigen Alltags mit den damit verbundenen Verpflichtungen meist zu kurz. Eine «Auszeit» in der Natur lässt uns – im wahrsten Sinne des Wortes – wieder die Wurzeln spüren und eröffnet uns den Blick fürs Wesentliche.

Mit den Tipps von Wander-Fritz fällt es leicht, sich die Welt zu erschliessen, denn sein Buch ist genau auf die Erfordernisse für Menschen unserer Generation, die nach wie vor aktiv und fit sind, zugeschnitten. Die hier

Liebe Wanderfreunde

Eine Wanderung lässt uns die Schönheit der Schweizer Landschaft entdecken. Sie öffnet mit dem unverstellten Blick auf die Natur aber auch unser Herz für die

6

vorgestellten Touren sind echte Genusswanderungen. Sie dauern in der Regel drei bis vier Stunden, erstrecken sich über eine Länge von etwa zehn Kilometern und eine Höhendifferenz von etwa 500 Metern. Und wer mag, kann das Ganze auch noch mit dem Besuch in einem Landgasthof abrunden. WanderFritz versteht es, viele der Ausflüge mit historischen oder kulturellen Geschichten zu verbinden. Dadurch zeigt er uns immer wieder die schönsten Seiten unseres topografisch so vielfältigen Landes. Und da für die An- und Heimreise öffentliche Verkehrsmittel benutzt werden, kommt auch der Umweltschutz nicht zu kurz.

Ich freue mich, wenn viele Wanderfreunde die Schönheit unserer Heimat immer wieder neu entdecken und wünsche Ihnen bei Ihrer nächsten Tour mit Wander-Fritz viel Vergnügen!

Adolf Ogi, alt Bundesrat
Kandersteg, April 2015

7

Suchen Sie den Anfahrtsweg zum Ausflugsziel?

Sie finden diesen unter www.sbb.ch

N

Basel

Nordwestschweiz

72 Aarau

● Delémont

Olten

Hallwilers

Jura

62

Aare

Solothurn

Lac des Brenets

● La Chaux-
de-Fonds

Biel/Bienne

Sempache

Bielersee

Mittelland

Neuchâtel

Bern

42

Lac de Neuchâtel

Murtensee

● Yverdon

Fribourg

Thun

Brienzersee

Thunersee

Interlake

Westschweiz

Lac de Joux

132

Berner

14 Grindelw

Oberland

△△△

Lausanne

Eiger,
Mönch und
Jungfrau

Lac Léman

● Vevey

Brig ●

● Sierre

Genève

Dents du Midi △

Sion

Rhone

Wallis

118

● Martigny

Zermatt ●

△

Matterhorn

Die Schweiz nach Regionen

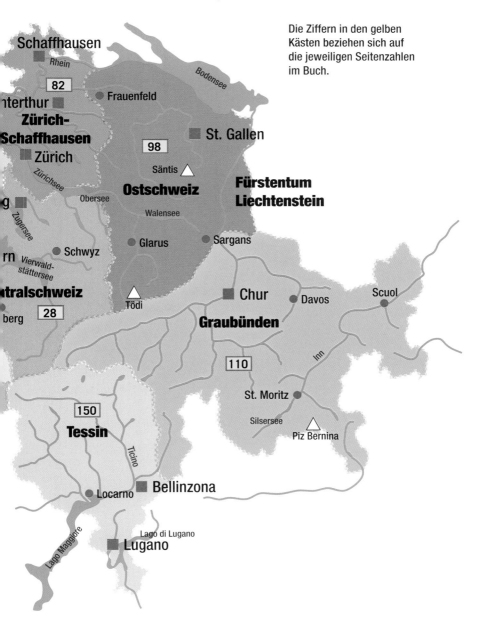

Die Ziffern in den gelben Kästen beziehen sich auf die jeweiligen Seitenzahlen im Buch.

Schaffhausen

Rhein

Bodensee

82

Frauenfeld

nterthur

Zürich-
Schaffhausen

Zürich

St. Gallen

98

Zürichsee

Säntis

Obersee

Ostschweiz

Fürstentum
Liechtenstein

Walensee

g

Zugersee

Glarus

Sargans

rn

Schwyz

Vierwald-
stättersee

tralschweiz

Tödi

Chur

Davos

Scuol

berg

28

Graubünden

Inn

110

St. Moritz

150

Silsersee

Piz Bernina

Tessin

Ticino

Locarno

Bellinzona

Lago Maggiore

Lago di Lugano

Lugano

9

Planung, Ausrüstung und sicheres Wandern

Jede Woche, meistens am Donnerstag, und bei jedem Wetter unternehme ich als «WanderFritz» eine zwei- bis vierstündige Tour in der Schweiz. Begleitet werde ich von meiner Wandergruppe. Alle meine Wanderungen starten i.d.R. in Bern und sind mit dem öffentlichen Verkehr erschlossen. Sie führen in wunderbare Landschaften, zu kulturellen Höhepunkten und – wie es meinem Credo entspricht – zu feinen, typisch schweizerischen Mittagessen. Natürlich fehlt auch das Startkaffee nie. Gelegentlich genehmigen wir uns auch einen Apéro.

Website
Beachten Sie auch meine Website: www.wanderfritz.ch

Vorbereitung
Wähle die Ausrüstung je nach Schwierigkeit, Lage und Dauer der Wanderung sowie nach deinen eigenen Bedürfnissen:

- feste, der Wanderung angepasste Schuhe
- der Jahreszeit entsprechende Kleidung
- aktuelle Wanderkarten 1:50 000 oder besser 1:25 000
- Rucksack
- Regenschutz
- Sonnenschutz (Brille, UV-Kopfbedeckung, Sonnencrème)
- Taschenapotheke, Rettungsdecke als Hitze- und Kälteschutz
- persönliche Medikamente
- Ersatzwäsche
- Taschenmesser

- Feldstecher
- Spikes bei Winterwanderungen
- ausreichend Verpflegung und Getränke (vielleicht auch mal einen Gipfelwein)
- Wanderstöcke

Smartphones mit Karten und GPS sind heute praktische Wanderhilfsmittel. Apps wie z. B. «SchweizMobil» können dir helfen, die Orientierung wieder zu finden, falls du dich mal verlaufen solltest. Bedenke aber, dass die Akkukapazität beschränkt ist und plötzlich im entschei-

Fotos: Fritz Hegi

denden Moment den Geist aufgibt. Ich empfehle daher immer einen Zusatzakku mitzunehmen. Auch die Netzabdeckung ist im Gelände nicht immer vorhanden. Dies sei nur vermerkt, wenn du das Kartenmaterial nicht offline auf dem Smartphone gespeichert hast.

Bergtouren

Bergwandern zählt zu den beliebtesten Sportarten der Schweiz. Auf 20 000 Kilometern signalisierten und gut unterhaltenen Bergwanderwegen wanderst du sicher. Doch Gefahren lauern oft nur einen Schritt entfernt: Ein Stein, eine Wurzel oder rutschiges Gelände führen vielleicht zu Stürzen. Diese können besonders an einem steil abfallenden Hang schwere Folgen haben. Rund 6500 Personen verunfallen jährlich beim Bergwandern, 30 davon tödlich. Mit den Tipps der bfu «Bergwandern» sollest du Gefahren aus dem Weg gehen können.

Jede Wanderung erfordert ein hohes Mass an Eigenverantwortung und ein Bewusstsein für mögliche Gefahren. Unternimm Bergwanderungen nicht allein. Plane deine Wanderung sorgfältig anhand von Karten, Wanderliteratur oder im Internet, indem du Schwierigkeitsgrad, Distanzen, Höhendifferenzen und Marschzeit auf die schwächsten Gruppenmitglieder abstimmst. Kalkuliere genügend Ausweich- und Umkehrmöglichkeiten sowie Zeitreserven für Unvorhergesehenes ein. Entscheide anhand des Wetterberichts auf www.meteoschweiz.ch oder unter Tel. 162 und der aktuellen Wegverhältnisse über den definitiven Start.

Bei einem Unfall

Die nachstehende Auflistung von Verhaltensmassnahmen bei Unfällen gilt einzig als Faustregel. Wo immer mög-

11

lich ist Fachhilfe (Arzt, Ret-
tungsdienst) beizuziehen.
Quelle: www.samariter.ch

Schauen
- Situation überblicken
- Was ist geschehen?
- Wer ist beteiligt?
- Wer ist betroffen?

Denken
- Folgegefahren für Helfer und Patienten erkennen
- Gefahr für Unfallopfer
- Gefahr für Helfende
- Gefahr für andere Personen

Handeln
- Sich selbst vor Gefahren schützen
- Notfallstelle absichern
- Nothilfe leisten (evtl. Patienten aus der Gefahrenzone bergen, lebensrettende Sofort-massnahmen)
- Fachhilfe anfordern, Tel. 144

Wegkategorien
Wanderwege können in der Regel gefahrlos und ohne besondere Kenntnisse be-

gangen werden.
Bergwanderwege sind über-
wiegend schmal und steil
und können exponiert sein.
Trittsicherheit und Schwindelfreiheit sind erforderlich.
Winterwanderwege werden
unabhängig von den Som-

Die Wanderskala des SAC
(Schweizer Alpen-Club) unter-
scheidet bei «normalen Fuss-
gängern» nur zwischen T1
(Wandern) und T2 (Bergwandern). Das erscheint uns zu wenig aufschlussreich, deshalb
haben wir eine detailliertere
Wanderskala erarbeitet:

Sehr leicht
0–50 m bergauf (nicht steil oder
exponiert)
0–150 m bergab (nicht steil
oder exponiert)
maximal 2 h
Leicht
51–180 m bergauf (nicht steil
oder exponiert)

merwegen signalisiert und
bei Lawinengefahr gesperrt.
Quellen:
www.swisshiking.ch
www.sac-cas.ch
www.baspo.ch

Fotos: Fritz und Vreni Hegi

151–300 m bergab (nicht steil
oder exponiert)
maximal 3 h
Mittelschwer
181–400 m bergauf (auch mal
steiler oder exponiert)
301–480 m bergab (auch mal
steiler oder exponiert)
maximal 3 h 30 min
Anspruchsvoll
mehr als 400 m bergauf (auch
mal steiler oder exponiert)
mehr als 480 m bergab (auch
mal steiler oder exponiert)
maximal 3 h 30 min

Wanderkarten im Internet
http://map.geo.admin.ch
http://map.wanderland.ch
http://www.wanderprofi.info

Kartenlegenden

 Bahn

 Postauto/Bus

 Schiff

 Seilbahn

 **Restaurant/Alpwirtschaft**

 Rastplatz

 Startkaffee

 Standseilbahn

BERNER OBERLAND

Erlenbac
Simme
Oberwil
Jaunpass
Zweisimmen
N
Schönried
Gstaad
Lenk
Adelbo
Lauenen
Saane
Wildstrubel
Gsteig

Wanderzeit: 3 h (Sommer), 4 h (Winter)
Länge: 8,5 km
Höhendifferenz: 450 m bergauf, 200 m bergab

Alpine Passwanderung

Anreise:
Mit der Bahn nach Kandersteg und weiter mit dem Bus bis Talstation Sunnbüel und mit der Luftseilbahn auf Sunnbüel (Betriebszeiten beachten)

Jahreszeit:
ganzjährig

Wanderkarte:
1:50 000 Wildstrubel 263T

Schwierigkeit:
mittelschwer

Startkaffee:
Bergrestaurant Sunnbüel, 3718 Kandersteg

Mittagessen:
Restaurant Schwarenbach (ab Weihnachten bis Anfang Mai sowie von Anfang Juni bis Ende Oktober geöffnet)

Rückreise:
Vom Gemmipass mit der Luftseilbahn nach Leukerbad und mit dem Bus nach Leuk. Von Leuk weiter mit der Bahn

Weitere Infos:
www.sunnbuel.ch
www.schwarenbach.ch
www.leukerbad.ch

Der Gemmipass war schon im Mittelalter ein bedeutender Übergang zwischen dem Berner Oberland und dem Wallis. Das Restaurant Schwarenbach liegt etwa in der Mitte und ist damit eine ideale Raststätte.

Wir starten in Sunnbüel, nachdem wir mit der Seilbahn die 700 Höhenmeter von Kandersteg her überwunden haben. Dank der Seilbahn ist der Gemmipass auch im Winter begehbar. Es ist besser, die Wanderung im Februar oder sogar erst im März zu unternehmen, da der erste Teil bis Schwarenbach so nicht im Schatten liegt. Der Weg ist mit den pinkfarbenen Wanderzeichen gut markiert und wird tipptopp gepflegt. Einen grossen Vorteil hat die Nord-Süd-Variante, wenn man es liebt, die Sonne im Gesicht zu haben.

Der Daubensee ist zugefroren und erlaubt die direkte Seeüberquerung. Am südlichen Ende des Sees gibt es überdies eine Sesselbahn, die uns auf den Gemmipass führt und die ca.100 Meter Höhendifferenz abnimmt. Vom Gemmipass geniessen wir eine Superaussicht in die Walliser Alpen. 1000 Meter tiefer liegt Leukerbad. Im Sommer habe ich den Abstieg durch die Gemmiwand nach Leukerbad gewagt. Der Weg wurde 1738/39 aus der steilen Wand herausgesprengt. Er ist absolut ungefährlich, da er doch ca. 2 m breit und überall gut gesichert ist. Schaut man von Leukerbad

Fotos: Fritz Hegi

Sunnbüel (1934 m) – Schwarenbach (2060 m) – Daubensee (2207 m) – Gemmipass Bergstation (2314 m)

Bergstation Sunnbüel 1934 m

Altels

Schwarenbach

Balmhorn

Rinderhorn

Daubensee

1 km

Gemmipass 2314 m

Leukerbad

an die Wand hinauf, scheint es einem unmöglich, dass da irgendwo ein Wanderweg sein soll. Allerdings schlagen einem 1000 Höhenmeter Abstieg auch bei einem breiten Weg in die Knie … Ich genoss danach auf jeden Fall ein entspannendes Bad in der Alpentherme, bevor ich mit dem Bus zum Bahnhof Leuk hinunterfuhr.

Charakteristik:

Alpine Wanderung über die Kantonsgrenze Bern – Wallis in beeindruckender Berglandschaft – für das ganze Jahr

17

Wanderzeit: 2 h
Länge: 6,7 km
Höhendifferenz: 100 m bergauf, 300 m bergab

Oberländer Klassiker

Anreise:
Mit der Bahn via Lauterbrunnen nach Wengen. Von Wengen mit der Luftseilbahn auf den Männlichen (Betriebszeiten beachten)
Jahreszeit:
Mai bis Oktober
Wanderkarte:
1:50 000 Interlaken 254T
Schwierigkeit:
leicht

Startkaffee:
Restaurant Männlichen, 3818 Grindelwald
Mittagessen:
Restaurant Bahnhof, Kleine Scheidegg, 3818 Kl. Scheidegg
Rückreise:
Von der Wengernalp mit der Zahnradbahn nach Lauterbrunnen, von dort aus weiter mit dem Zug
Weitere Infos:
www.maennlichen.ch

Irgendeinen Grund muss es ja geben, dass dieser Klassiker unter den Bergwanderern so beliebt ist. Der Weg zwischen der Bergstation Männlichen und der Kleinen Scheidegg ist breit, verläuft fast eben, geht mitten durch ein Blumenparadies und bietet eine gewaltige Aussicht auf das Dreigestirn mit Eiger, Mönch und Jungfrau. Wenn man es sich einrichten kann, sollte man allerdings diese Wanderung unter der Woche unternehmen. An Wochenenden hat es einfach (zu)viele Wanderer in dem Gebiet. Für das Wochenende sprechen aller-

dings die vielen folkloristischen Darbietungen von Jodlerklubs, Trachtengruppen auf dem Männlichen und der Kleinen Scheidegg. Die Seilbahn bringt uns von Wengen bequem auf den Männlichen. Zu Fuss könnten wir in knapp 30 Minuten und mit 120 zusätzlichen Höhenmetern von der Berg-

station aus noch den Gipfel erklimmen. Der 360-Grad-Blick ist hier noch um einiges imposanter als von der Bergstation aus. Starten wir nun unsere Tour, so liegt der Tschuggen unmittelbar vor uns. Wir spazieren der Ostflanke dieses markanten Berges immer auf der gleichen Höhe entlang und erreichen die Honegg. Im Rotstöckli, welches wir nach einer Schlaufe um den felsigen Ausläufer des Lauberhorns erreichen, haben wir eine erste Möglichkeit, uns zu stärken. Auch das Essen im Angesicht der 4000er ist ein besonderes Erlebnis. Neben dem Restaurant ist noch eine spezielle hölzige Aussichtsplattform eingerichtet.

Fotos: Fritz Hani

Männlichen (2229 m) – Kleine Scheidegg (2061 m) – Wengernalp (1874 m)

Auf diese zu steigen lohnt sich unbedingt.

Die Kleine Scheidegg ist nun nicht mehr weit. Wanderer mischen sich hier mit Tagestouristen und Reisenden, welche aufs Jungfraujoch fahren. Aber nicht nur Menschen sind auf dem Bahnhofsgelände, sondern auch viele Ziegen, die man gut streicheln kann. Die Rösti-Teller im Bahnhofrestaurant sind so gross, dass eine Portion für zwei Personen genügt. Die Rösti ist allerdings so gut, dass man gerne ein wenig zu viel isst. Wir nehmen nun die Naturstrasse bis zur Wengernalp. Alternativ könnte man auf dem Wanderweg, welcher nach den Geleisen links abzweigt, ebenfalls das Ziel erreichen. Die beiden Kana-

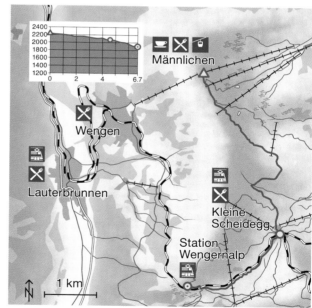

dier, die uns begleiteten, waren von der Bergwelt sehr begeistert.

Charakteristik:

Der Klassiker zwischen Männlichen und Kleiner Scheidegg

19

Wanderzeit: 3 h 30 min
Länge: 7,9 km
Höhendifferenz: 400 m bergauf, 400 m bergab

In Ogis Bergwelt

Anreise:
Mit der Bahn nach Kandersteg und zu Fuss zur Talstation der Gondelbahn
Jahreszeit:
Sommer: Juni bis Oktober
Winter: Mitt Dezember bis Mitte März
Wanderkarte:
1:50 000 Jungfrau 264T und Wildstrubel 263T
Schwierigkeit:
mittelschwer
Startkaffee:
Restaurant Station Oeschinen

Mittagessen:
Sommer: Bergbeizli Underbärgli (Betriebszeiten beachten)
Winter: Restaurant Oeschinensee
Rückreise:
Mit der Gondelbahn nach Kandersteg und Fussmarsch zur Bahnstation Kandersteg
Weitere Infos:
www.oeschinensee.ch
www.kandersteg.ch

Die Adolf-Ogi-Strasse in Kandersteg führt vom Zentrum zur Talstation der Oeschinensee-Bahn. Die nostalgische Sesselbahn ist 2008 durch eine moderne Gondelbahn ersetzt worden. Allein der Panoramablick von der Bergstation lohnt die Fahrt. Die Wanderung zum See ist alles andere als anstrengend. Es geht immer leicht abwärts. Wir zweigen etwa einen Kilometer nach der Bergstation links Richtung Heuberg-Oberbärgli ab. Der Weg steigt gemütlich an. Der Heuberg (Blumenparadies) ist ein spektakulärer Aussichtspunkt. Vorne geht es steil zum tiefblauen Oeschinensee hinunter. Im Oberbärgli zweigt der Weg rechts ab. Links könnte man über das Hohtürli ins Kiental hinüberwandern. Allerdings wären das einige zusätzliche Wanderstunden. Unser Weg führt am Underbärgli vorbei, wo sich ein gemütliches Bergrestaurant befindet.

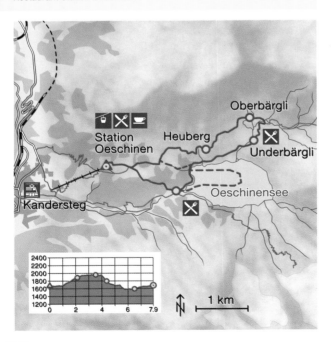

Foto: Fritz Hari

Station Oeschinen (1682 m) –
Pkt. 1685 m – Heuberg (1940 m) –
Oberbärgli (1978 m) – Restaurant
Oeschinensee (1593 m) – Station
Oeschinen (1682 m)

Hier ist die Stimmung noch so, wie man es sich in den Bergen gewohnt ist. Kühe können frei herumlaufen. Eine kam sogar auf die Terrasse des Restaurants. Und niemand störte sich daran. Unsere Wanderung führte, frisch gestärkt, hinunter zum zauberhaften Oeschinensee. Im Restaurant Oeschinensee, einige Meter vom Ufer entfernt, gibt es eine wunderbare Seeterrasse mit sensationeller Sicht auf verschiedene Hörner ringsum, welche alle höher als 3000 Meter sind (Doldenhorn,

Fründenhorn, Oeschinenhorn und Blüemlisalphorn). Das Essen schmeckt ausgezeichnet. Um wieder zur Bergstation zurückzuwandern, nahmen wir den etwas längeren, aber lohnenden Weg über Läger.

Auch im Winter empfiehlt sich der Oeschinensee als Wanderziel. Der Abstecher zum Heuberg ist allerdings nicht möglich. Empfehlenswert ist die Wanderung von der Station Oeschinen über Oeschinensee nach Läger – auf dem gleichen Weg zurück (2 h, 150 m bergauf

und bergab, 7 km). Es ist eigentlich erstaunlich, dass der See praktisch jedes Jahr mit einer so dicken Eisschicht bedeckt ist. Liegt der See doch «bloss» auf 1578 m ü. M. Betrachtet man aber die hohen Flanken der umliegenden Berge, wird einem klar, dass die kalte Luft «herunterfällt» und so das Wasser in einem Kaltluftsee gefrieren lässt.

Charakteristik:
Im Sommer auf Bergwegen über die blumenreichen Wiesen des Heuberg

21

Wanderzeit: 3 h 20 min
Länge: 9,7 km
Höhendifferenz: 200 m bergauf, 600 m bergab

Im Land des Adlers

Anreise:
Mit der Bahn nach Meiringen, kurzer Fussmarsch durch Meiringen zur Talstation der Luftseilbahn Reuti, Fahrt mit der Luftseil- und Gondelbahn via Reuti und Mägisalp auf Planplatten

Jahreszeit:
Ende Juni bis Oktober

Wanderkarte:
1:50 000 Sustenpass 255T

Schwierigkeit:
mitelschwer / anspruchsvoll

Startkaffee:
Panoramarestaurant Alpen-tower Planplatten, 6086 Hasliberg Reute

Mittagessen:
Berggasthaus Tannalp, 6068 Melchsee-Frutt (Mitte Juni bis Ende Oktober) oder Engstlenalp, 3862 Innertkirchen (Ende Mai bis Ende Oktober täglich offen)

Rückreise:
Von Engstlenalp mit dem Postauto nach Meiringen und weiter mit der Bahn

Weitere Infos:
www.meiringen-hasliberg.ch

Nach einem kurzen Bummel durch Meiringen stehen wir vor der Talstation der Luftseilbahn Reuti–Mägisalp–Planplatten. Wir kaufen ein Rundfahrtbillet. Die Fahrt zum Restaurant Alpen-tower bei der Bergstation Planplatten ist in drei Sektionen unterteilt. Beim Alpen-tower geniessen wir bei Kaffee und Gipfeli die schöne Aussicht. Vor uns fliegt ein Deltasegler vorbei – fast wie ein Adler. Übrigens: Beim Eingang des Alpen-towers sind zwei Adler ausgestellt. Einen hat man ausgestopft, der andere besteht aus einer grossen Anzahl von braunen Bergkristallen.

Bis zum Sattel wandern wir kurz auf einer relativ breiten Naturstrasse etwa zehn Minuten abwärts. Der folgende Wanderweg ist dann, wie oben bereits erwähnt, reines Wandervergnügen. Es kann noch nicht lange her sein, dass der Weg schneefrei ist. Grösstenteils ist er jetzt trocken und gut begehbar. An

Es ist ein wunderschöner Frühsommertag Ende Juni. Rechts unter uns das Gental, links die teils noch mit Schneefeldern bedeckten Hänge rund um die Mägisalp und hinter uns die imposante Bergwelt der Region Grimsel und Susten. Wir befinden uns zwischen Plan-

platten-Sattel und dem Balmeregghorn. Es ist ein Wanderweg, wie es sich ein Genuss-Wanderherz vorstellt. Schmal, naturbelassen, keine allzu grossen Steigungen und eine tolle Aussicht. Unser Ziel, die Engstlenalp, erreichen wir in etwas mehr als drei Stunden.

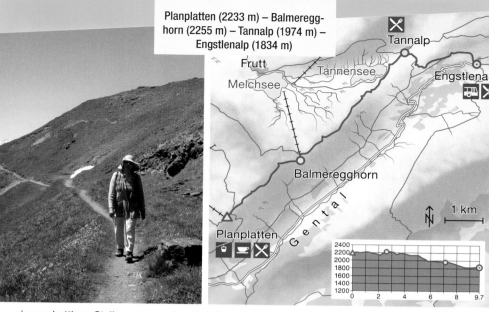

Planplatten (2233 m) – Balmeregghorn (2255 m) – Tannalp (1974 m) –
Engstlenalp (1834 m)

einer schattigen Stelle müssen wir ein grösseres Schneefeld überqueren. Mit der nötigen Vorsicht ist das aber kein Problem.

Beim Balmeregghorn ergattern wir bereits einen Tiefblick auf die Melchsee-Frutt, die wir zu Fuss in einer Stunde erreichen könnten. Wir wandern aber weiter über weite Alpweiden Richtung Tannalp.

Dort gibt es ein Restaurant, und in der Alpkäserei geniessen wir ein echtes Alpen-Joghurt zum Dessert. Der Bergweg bis zur Engst-

lenalp hat am Anfang etwas ruppige Stellen. Vorsicht ist also geboten. Von der Engst-

lenalp bringt uns das Postauto wieder sicher zurück nach Meiringen.

Charakteristik:
Genussvolle Bergwanderung ohne allzu viele Steigungen

23

Wanderzeit: 3 h 15 min
Länge: 8,0 km
Höhendifferenz: 310 m bergauf, 670 m bergab

Im Banne des Dreigestirns

Anreise:
Mit Bahn nach Grindelwald.
Fussmarsch oder mit Bus zur
Talstation der Gondelbahn First,
Betriebszeiten beachten

Jahreszeit:
April bis Oktober

Wanderkarte:
1:50 000 Interlaken 254T

Schwierigkeit:
anspruchsvoll

Startkaffee:
Restaurants Kreuz und Post,
3818 Grindelwald

Mittagessen:
Verpflegung aus dem Rucksack
und am Schluss im Bergrestaurant Bussalp, 3818 Grindelwald
(Betriebszeiten beachten)

Rückreise:
Von Bussalp mit dem Bus nach
Grindelwald und weiter mit der
Bahn

Weitere Infos:
www.bussalp.ch
www.jungfrau.ch

Die Aussicht von der Bergstation der Firstbahn Richtung Süden ist überwälti-
gend. Praktisch in Griffnähe
vor uns haben wir das Dreigestirn Eiger, Mönch und
Jungfrau – links das Finster-
aarhorn und das Wetterhorn,
und sie alle werden uns den
ganzen Tag begleiten.
Wir folgen zuerst einer breiten Naturstrasse, begegnen
Kuhherden, sehen viele
schöne Bergblumen und be-
wundern immer wieder die
Rundsicht. Aber auch der
Blick in die Tiefe des Grin-
delwaldtales ist beeindruckend. Die jungen Begleiter
aus Kanada in unserer Wandergruppe zücken auf jeden
Fall immer wieder den Fotoapparat, weil sie ein solches
Panorama in Ostkanada
nicht gewohnt sind.
Beim Bachalpsee (Bachsee)
ist es Zeit für einen Pick-
nickhalt. Zwischen Kühen
und Alpblumen geniessen
wir die mitgebrachten Sandwiches, Äpfel, Bananen,
Dörrfrüchte und was sonst
noch so alles eingepackt
wurde. Der Aufstieg Rich-
tung Spitzen ist gut zu machen. Es ist zwar ein schma-
ler Bergweg, welcher aber
ungefährlich ist. Hinter Spitzen liegt die Fernandez-
Schutzhütte. Es führt ein
kleiner Bergweg dem Grat
entlang Richtung Rötigipfel.
Dieser Bergweg ist an ver-
einzelten Stellen recht aus-
gesetzt und eignet sich nur
für geübte und trittsichere
Berggänger. Diesen Berg-
weg haben wir nicht ge-
macht. Beim Abstieg zur
Bussalp muss man sich im-
mer bewusst sein, dass man
sich auf einem Bergweg befindet. Die Strecke unmittelbar nach der Fernandez-

Fotos: Vreni und Fritz Heri

First (2166 m) – Gummihitta (2262 m) – Bachalpsee (2265 m) – Spitzen (2327 m) – Fernandez-Hütte (2402 m) – Bonera (2089 m) – Bussalp (1798 m)

Schutzhütte ist deshalb, obwohl etwas ruppig, als «normal» zu bezeichnen. Falls man vor der Bussalp bei Bonera (Pt. 2089) den steilen Abstieg vermeiden will, lohnt sich der Umweg über Oberläger, wo man bequemer auf der Naturstrasse wandert. In der Bussalp gibt es währschafte einheimische Kost, welche man bei schönem Wetter auf der Terrasse geniessen kann. Von der Bussalp fährt normalerweise jede Stunde ein öffentlicher Bus wieder zurück nach Grindelwald.

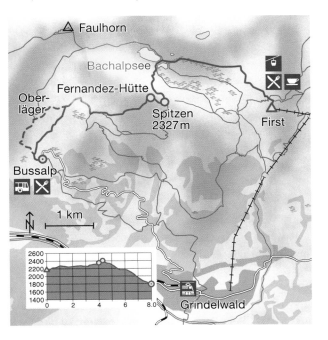

Charakteristik:
Eine erfrischend schöne Wanderung mit wunderschönem Panorama

25

Wanderzeit: 3 h 30 min
Länge: 10,5 km
Höhendifferenz: 510 m bergauf, 500 m bergab

Auf dem Diemtigtaler Hausweg

Anreise:
Mit der Bahn nach Oey-Diemtigen im Simmental
Jahreszeit:
April bis Oktober
Wanderkarte:
1:50 000 Gantrisch 253T
Schwierigkeit:
anspruchsvoll
Startkaffee:
Gasthof Hirschen, Dorfstrasse 3753 Oey BE (Ruhetage: MO + DI)

Mittagessen:
Gasthaus Bergli, Bergli 33, 3754 Diemtigen (Ruhetage: MO + DI, ab 10 Personen auf Anfrage)
Rückreise:
Mit der Bahn ab Erlenbach i.S.
Weitere Infos:
www.hauswege.ch

Treffpunkt an diesem schönen Herbsttag ist der Bahnhof Oey-Diemtigen. Im August 2005 richtete ein Jahrhundert-Unwetter hier riesige Schäden an. Station, Gleise, Fahrleitung und Stellwerk waren zerstört. Für rund 9 Millionen Franken wurde alles ersetzt und modernisiert. Die Beseitigung aller Schäden in der Gemeinde kostete über 90 Millionen Franken.

Wir folgen den braunen Wegweisern «Simmentaler Hausweg» und überschreiten gleich den Bahnübergang. Weiter geht's ein kurzes Stück parallel dem Bahngleis entlang talauswärts. Dann steigen wir leicht an und halten uns rechts dem Hang zu. Das erste schöne Simmentalerhaus erreichen wir beim «Feld» mit Baujahr 1737. Etwas weiter ist «Hasli». Nördlich davon das Haus mit der Jahreszahl 1516 an der Flugfirst. Es ist die älteste Datierung im Berner Oberland. Das «Sälbeze» auf 800 m ü. M. (erbaut 1738) ist das Prunkstück simmentalischer Zimmermannskunst und Hausmalerei. Wir treffen die Besitzerin und wechseln ein paar Worte mit ihr. Sie lädt uns ins Haus und zeigt die alte Küche mit Rauchabzug und alles, was noch in Original vorhanden ist. Und auch, wie die Spalten der Holzböden in den Zimmern mit einem Keil von aussen immer wieder zum Verschwinden gebracht werden können.

Wir wandern Richtung Diemtigtal auf einer Asphalt-Nebenstrasse und biegen dann zum Grund rechts ab. Hier sind die Folgen des Un-

Fotos: Fritz Hegi

Oey-Diemtigen (669 m) –
Sälbeze (800 m) – Bächle (890 m) –
Grund (750 m) – Diemtigen
(830 m) – Hinders Bärgli (996 m) - Ägel-
see (995 m) – Erlenbach (681 m)

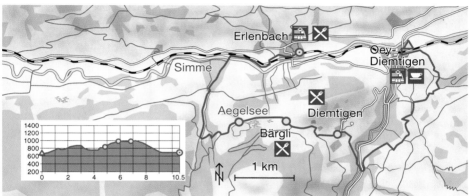

wetters immer noch gut sichtbar. Auch der Wanderweg musste verlegt werden. Nach einem kurzen Anstieg im Wald treten wir aufs weite Feld hinaus und sehen etwas weiter vorne das denkmalgeschützte Dorf Diemtigen. Es lohnt sich, den Dorfteil mit der romanischen Kirche zu besuchen. Kirche und Pfarrhaus bilden mit andern Häusern zusammen ein wunderbares Ortsbild. Zu Recht hat Diemtigen 1986 den Wakkerpreis erhalten. Die Dorfbäckerei verkauft vermutlich die grössten Nussgipfel weit und breit. Jedenfalls genügt einer allein, uns vier Wanderern den ersten Hunger zu stillen, bevor wir im Berggasthaus Bergli dann ausgiebig zu Mittag essen. Sobald wir das Bärgli überschritten haben, ist der Blick frei ins Simmental und aufs gegenüberliegende Stockhorn.

Der Weg führt nach dem Mittagessen am Aegelsee vorbei. Über eine steile Wiese und durch lichten Wald wandern wir der Simme nach Erlenbach entgegen.

Charakteristik:
Simmentaler Hausweg mit Zimmermannskunst aus dem 17. und 18. Jahrhundert sowie die Entdeckung eines Dorfes mit altem, unverfälschtem Charakter

27

ZENTRALSCHWEIZ

Dagmersellen

Willisau

E

Luthern

Wo

Napf

Entle

Kleine Emm

Schüp

Escholzmatt

Marbach

Schrattenflue

Söre

Brienz

Hallwil

Hallwilersee

Hitzkirch

Beromünster
Baldeggersee

Hochdorf

see

Sempach

acher...

Reuss

Cham

Baar

Zug

30

Zugersee

Ägerisee

Biberbrugg

Sihlsee

Einsiedeln

Willerzell

Walchwil

Sihl

Küssnacht

Sattel

38

Alpthal

Littau

Luzern

Rigi

Arth Goldau

Sihl

Kriens

40

Vierwaldstättersee

Vitznau

Brunnen

Schwyz

Muota

N

Hergiswil

Pilatus

Seelisberg

Muotathal

Stans

Sisikon

Alpnach

Chaiserstock

Klausenpass

Wolfenschiessen

Flüelen

36

Sarnen

Kerns

Oberrickenbach

Altdorf

uben-
pass

Sarnersee

Sachseln

Engelberg Aa

Clariden

Giswil

Reuss

Erstfeld

ungern

Engelberg

Silenen

igpass

Frutt

Titlis

Oberalpstock

Sustenpass

Wassen

Göschenen

Oberalppass

Dammastock

Andermatt

Realp

29

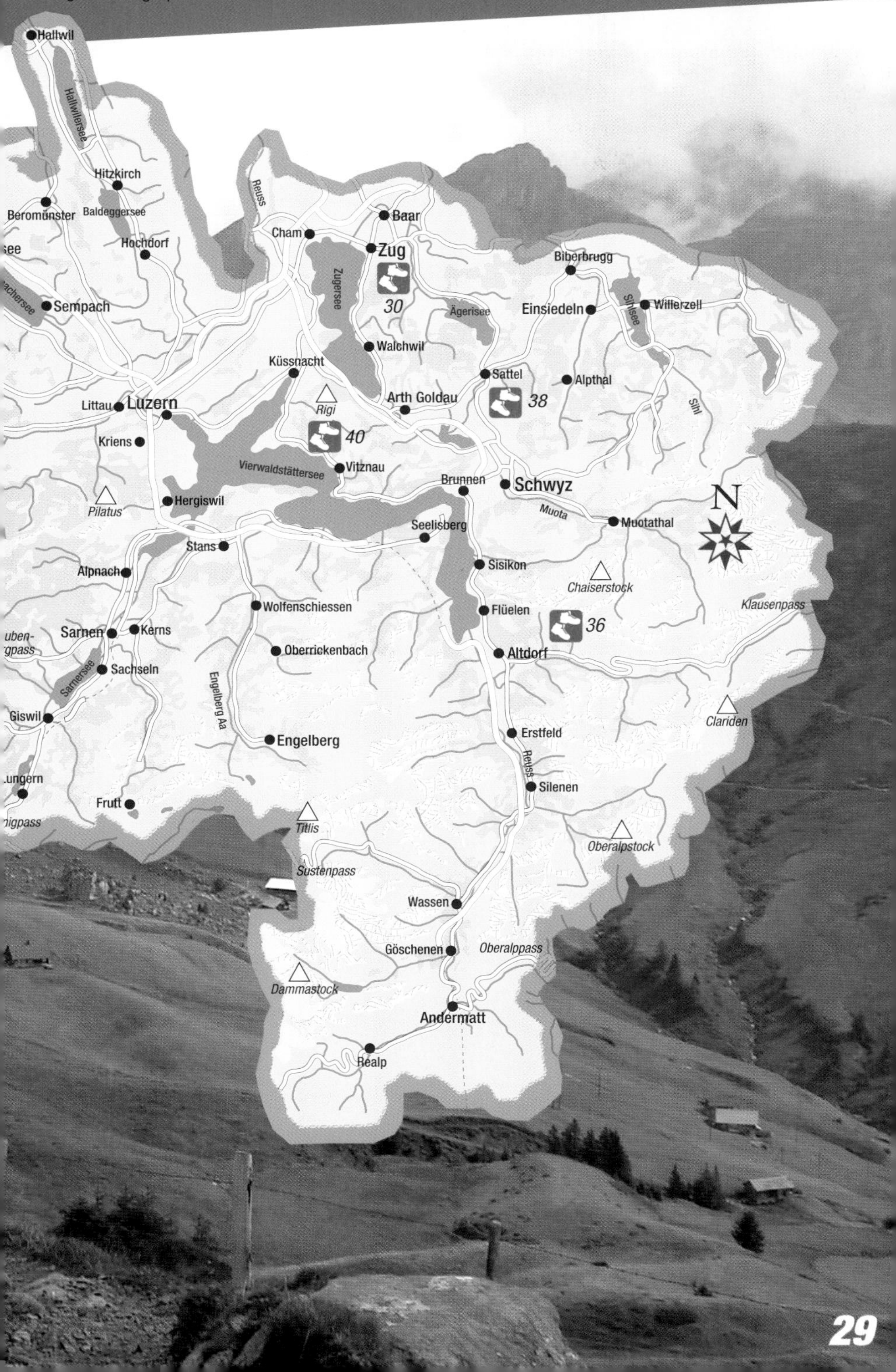

Wanderzeit: 3 h (Sommer), 3 h 30 min (Winter)
Länge: 10 km
Höhendifferenz: 150 m bergauf, 150 m bergab

Über dem Nebelmeer

Anreise:
Mit der Bahn nach Zug, mit dem Bus Nr.11 ab der Station Metalli West Richtung Schönegg bis Endstation, umsteigen auf die Standseilbahn Zugerberg
Jahreszeit:
ganzjährig
Wanderkarte:
1:50 000 Rotkreuz 235T
Schwierigkeit:
leicht / mittelschwer
Startkaffee:
Restaurant Zugerberg, 6300

Zugerberg (täglich ab 9 Uhr geöffnet)
Mittagessen:
Restaurant Pfaffenboden, 6318 Walchwil (Ruhetag: MO)
Rückreise:
Standseilbahn bis Schönegg, umsteigen auf Bus Nr. 11 (Richtung Zug Schulhaus) bis Station Metalli West, weiter mit der Bahn
Weitere Infos:
www.zug-tourismus.ch

Der Zugerberg galt früher als Synonym für schwere Strafen im Militär. Das Militärstraflager war dort bis ins Jahr 1988 in Betrieb. Diese Rundwanderung habe ich einmal im Winter und das andere Mal im Sommer gemacht. Der Zugerberg ist also eine ideale Ganzjahresdestination für Wanderer. Im Winter folgen wir auf dem Rundweg den pinkfarbenen Wegweisern. Ein riesiges Nebelmeer breitet sich unter uns aus. Oben herrscht eitel Sonnenschein. Vom Zugerberg aus gesehen, dominiert der Pilatus die Szene. Entlang des Weges vom Ewegstafel zum Früebüel (früher war hier das erwähnte Militärstraflager) liegt ein seltenes Moorgebiet. Die Landschaft erinnert vor allem im Winter fast ein wenig an Finnland. In der Pfaffenbodenhütte werden Wanderer auf einer Tafel mit «Hier essen Sie gut» angesprochen. Das wollen wir natürlich prüfen und setzen uns

Fotos: Fritz Heeb

Station Zugerberg (925 m) – Früebüel (984 m) – Buschenchäppeli (1021 m) – Pfaffenboden (1021 m) – Hintergeissboden (960 m) – Vordergeissboden (936 m) – Station Zugerberg (925 m)

in die heimelige Gaststube (im Sommer auf die Terrasse mit wunderbarer Aussicht). Im Winter munden das Gehackte mit Hörnli und die Älplermaccaronen. Der Pfaffenboden ist auch der Wendepunkt unserer Rundwanderung. Auf dem Rückweg kommen wir nochmals bei der Kapelle Buschenchäppeli vorbei. Es hat dort Tische, Bänke und eine Feuerstelle für diejenigen, welche Verpflegung aus dem Rucksack vorziehen. Und wenig später kommen wir tatsächlich an einem Wegweiser vorbei, der mit «Negerdörfli» angeschrieben ist. Ob das heute noch politisch korrekt ist? Wie gesagt, die Rundwanderung ist sommers und winters sehr gut zu machen. Bei Schnee muss man einfach etwa eine halbe Stunde mehr einrechnen.

Charakteristik:

Genusswanderung im Sommer und im Winter auf gut ausgebauten Wegen

Wanderzeit: 3 h
Länge: 9,6 km
Höhendifferenz: 150 m bergauf, 100 m bergab

Die «10-Millionen-Jahre-Wanderung»

Anreise:
Mit der Bahn nach Wolhusen
Jahreszeit:
ganzjährig
Wanderkarte:
1:50 000 Willisau 234T und
Escholzmatt 244T
Schwierigkeit:
leicht
Startkaffee:
Café Brun, Entlebucherstr. 14,
6110 Wolhusen (Ruhetag: DO)

oder Gasthof Krone, 6110 Wolhusen (Ruhetage: DI und jeden
ersten Sonntag des Monats)
Mittagessen:
Restaurant Bahnhöfli, 6162 Entlebuch (Ruhetage: MO und DI)
Rückreise:
Mit der Bahn ab Entlebuch
Weitere Infos:
www.wolhusen.ch
www.entlebuch.ch

wo wir in einem Tea-Room unseren Startkaffee mit Gipfeli geniessen. Der Weg führt dann ein kurzes Stück über das Feld, bevor er die Kleine Emme überquert. Wir wandern länger an der linken Uferseite, bis das oben erwähnte Brücklein kommt. Das Chalchloch (der Name hat einen Bezug zur ehema-

Etwas erschrocken sind wir schon, als wir die kleine Brücke über die Fontanne bei der Burgmatt traversierten. Am Ende des Übergangs lag ein erst vor kurzem gerissenes Schaf mitten auf der Brücke. Ob der Wolf hier seine Beute verzehrt hat? Auf jeden Fall werden wir erinnert, dass hier die rohe Natur allgegenwärtig ist. Es ist kalendarisch eine Wo-

che vor dem astronomischen Frühjahrsbeginn, aber immer noch sehr kalt, und auf der ganzen Uferstrecke zwischen Wolhusen und Entlebuch liegt Schnee – und dort, wo die Sonne nicht hinscheint, hängen riesige Eiszapfen.
Die ersten paar hundert Meter nach dem Bahnhof Wolhusen wandern wir auf dem Trottoir bis zum Dorfkern,

ligen Kalkgewinnung) ist die Attraktion auf dem nächsten Abschnitt. Die Nagelfluhfelsen sind hier freigelegt und bilden das tief zerklüftete und stellenweise trogartige Flussbett. Alles ist hier immer noch in Bearbeitung – und dies seit zehn Millionen Jahren. Unterwegs ist es Zeit für eine kleine Verschnaufpause. Möglichkeiten mit schönen Picknick-

Fotos: Fritz Hani

Wolhusen Bahnhof (565 m) –
Mäderslehn (587 m) – Chalchloch –
Punkt 609 m – Emmenmätteli
(634 m) – Entlebuch Bahnhof (684 m)

plätzen hat es genügend. Noch unter einem Felsband hindurch und entlang einer letzten Fluss-Schlaufe – und wir sehen schon die grossen Gebäude des früheren Versandhauses Ackermann in Entlebuch. Im Bahnhöfli beim singenden Koch, Willi Felder, kehren wir gerne ein und essen einen Hackbraten mit «Härdöpfustock».

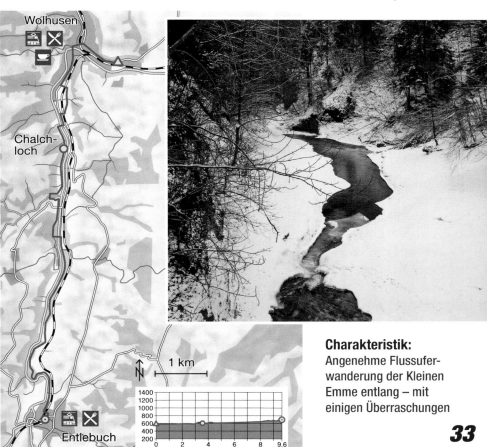

Wolhusen

Chalch-
loch

Entlebuch

1 km

Charakteristik:
Angenehme Flussufer-
wanderung der Kleinen
Emme entlang – mit
einigen Überraschungen

33

Wanderzeit: 4 h
Länge: 14,7 km
Höhendifferenz: 220 m bergauf, 230 m bergab

Durch das Luzerner Hinterland

Anreise:
Mit dem Bus ab Sursee nach Buttisholz
Jahreszeit:
ganzjährig
Wanderkarte:
1:50 000 Willisau 234T
Schwierigkeit:
mittelschwer
Startkaffee:
Restaurant Kreuz, Buttisholz

Dorf 6, 6018 Buttisholz (Ruhetage: SA, bis ca. 17h00, und MO)
Mittagessen:
Landgasthof Ochsen, 6123 Geiss (Ruhetage: MO, DI)
Rückreise:
Mit der Bahn ab Willisau
Weitere Infos:
www.willisau-tourismus.ch

Personen samt einem Hund. Die Wanderung führt zuerst über freies Feld, links in der Ferne erkennt man den Pilatus. Nach einer kurzen Walddurchquerung sehen wir den Soppensee. Heute heisst er auf den neuen Landeskarten wieder wie früher «Soppisee». Wir schalten eine kleine Rast beim See ein.
Nach dem See steigt der Weg leicht an und wir sehen den See rechts nochmals

damals nur wenig mitbekommen.
Es ist ein herrlicher Frühlingstag, und wir sind acht

Das Luzerner Hinterland ist ein ausgedehntes, aber doch noch wenig bekanntes Wandergebiet im Herzen der Schweiz. Wir treffen uns in Buttisholz, da die Teilnehmer heute aus verschiedensten Richtungen anreisen. Buttisholz ist mir von einigen WKs noch in Erinnerung, und das vor allem von den nächtlichen Wachrundgängen. Vom schönen Dorf und der malerischen Umgebung habe ich

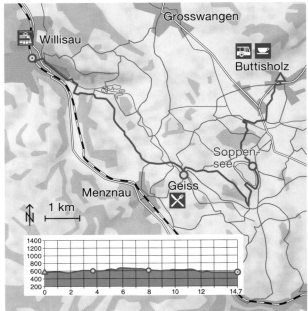

Buttisholz (565 m) – Soppensee (602 m) – Galgebergwald (669 m) – Geiss (614 m) – Ostergau (554 m) – Willisau (557 m)

aus erhöhter Lage. Wir wandern kurz durch den Galgebergwald und sind in Geiss. Das Restaurant Ochsen ist wirklich eine Adresse, die zu empfehlen ist. Auf der Terrasse mit römischen Figuren geniessen wir die Landluft und das gute Essen.

Wir wandern weiter auf dem Pilgerweg bis zum Bahnhof Willisau. Das sehenswerte Städtchen lassen wir allerdings links liegen, weil wir viel zu durstig sind und schnurstracks unser wohlverdientes Bier wollen.

Charakteristik:
Etwas längere Wanderung in den Hügeln und Feldern des Luzerner Hinterlandes

Wanderzeit: 3 h
Länge: 8,0 km
Höhendifferenz: 460 m bergauf, 280 m bergab

Auf dem Schächentaler Höhenweg

Anreise:
Mit der Bahn nach Flüelen, weiter mit dem Bus oder zu Fuss bis zur Talstation der Luftseilbahn Eggberge – eindrückliche Fahrt mit der Luftseilbahn
Jahreszeit:
Mai bis Oktober
Wanderkarte:
1:50 000 Klausenpass 246T
Schwierigkeit:
anspruchsvoll
Startkaffee:
Berggasthaus Eggberge, 6460 Altdorf (grundsätzlich täglich

geöffnet. Es wird empfohlen, vorher zu telefonieren.)
Mittagessen:
Berggasthaus Biel (Ruhetag Sommer: DI – Winter: durchgehend offen), Alpstubli Selez, Alpenkiosk Fleschseeli
Rückreise:
Mit der Luftseilbahn von Biel-Kinzig nach Brügg-Bürglen, von dort weiter mit Bus und Bahn
Weitere Infos:
www.schaechentaler-hoehenweg.ch

taurant Seeblick, weil ich mir den Kaffeegenuss mit einer schönen Aussicht erhoffe. Leider bin ich zu früh unterwegs. Das Restaurant hat noch geschlossen. Ich halte mich also an das nicht weniger attraktive Berggasthaus Eggberge zur Rechten.
Der Schächentaler Höhenweg ist mit der Nr. 595 bezeichnet. Durch die ver-

Eggbergen liegt ziemlich genau 1000 Meter oberhalb von Flüelen über dem Urnersee und ist nur mit einer Seilbahn erreichbar. Schon die Fahrt mit derselben ist

ein besonderes Erlebnis. Oben angekommen, gilt es bereits eine Auswahl zu treffen, nämlich, wo ich meinen Startkaffee trinken soll. Ich halte mich links, zum Res-

Foto: Fritz Heni

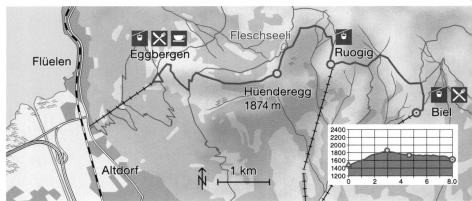

Eggbergen (1446 m) – Angelingen
(1632 m) – Hüenderegg (1874 m) –
Fleschseeli (1812 m) –
Ruogig (1730 m) – Biel (1626 m)

streuten Häuser geht es auf einem Natursträsschen bergauf. Bei Angelingen zweige ich rechts ab, steige den Treppenweg hoch, komme nach Überwindung einiger Dutzend Höhenmetern zu einem Kreuz und lege den ersten kurzen Zwischenhalt ein. Bis zum nächsten steileren Aufstieg auf die Hüenderegg verläuft der Wanderweg bis dort auf breiten Pfaden durch einen lichten Wald immer gleichmässig aufwärts. Auf der Hüenderegg gibt es ein Kreuz, eine Sitzbank, eine Panoramatafel mit ausführlichen Beschreibungen und vor allem eine umwerfende 360-Grad-Aussicht. Tief unten im Nordwesten liegt der Vierwaldstättersee, Richtung Nordosten der gewaltige Talkessel von Selez, und im Süden schaue ich direkt in die Urner Alpen.

Über einen etwas ruppigen Weg wandere ich hinunter zum Fleschseeli. An Wochenenden und während der Schulferien kann ich mir vorstellen, dass es hier nicht so ruhig ist wie heute unter der Woche. Für das Mittagessen im Alpstubli Selez ist es um 11 Uhr noch etwas zu früh, so wandere ich bis zum Berggasthaus Biel weiter. Unterwegs komme ich bei einer seit 2006 bestehenden originellen Sirupbar vorbei. Man kann sich gegen

einen freiwilligen Obolus mit Sirup bedienen und wird dazu eingeladen: «Wanderer lass dich nieder, Klemmis Sirupwasser stärkt dich wieder.» Der «Weg 595» geht bei Biel in den Suworowweg über und bis zum Klausenpass weiter. Dieses Teilstück spare ich mir für nächsten Sommer auf.

Charakteristik:
Panoramawanderung – auf der ganzen Länge auf Naturstrassen

Wanderzeit: 3 h 45 min
Länge: 12,4 km
Höhendifferenz: 450 m bergauf, 250 m bergab

Bergbeizlitour: Schwyzer Panoramaweg

Anreise:
Mit der Bahn nach Sattel-Ägeri, oder mit der Bahn nach Biberbrugg und mit dem Bus zur Talstation und dann mit der Drehgondelbahn nach Mostelberg

Jahreszeit:
Mai bis Oktober

Wanderkarte:
1:50 000 Lachen 236T

Schwierigkeit:
mittelschwer / anspruchsvoll

Startkaffee:
Berggasthof Mostelberg, Mostel-

bergstrasse 170, 6417 Sattel (täglich geöffnet)

Mittagessen:
Alpwirtschaft Zwüschet Mythen; weitere Möglichkeiten sind das Berggasthaus Haggenegg, das Berggasthaus Holzegg und das Hotel Passhöhe Ibergeregg

Rückreise:
Mit dem Bus nach Schwyz oder Einsiedeln und weiter mit der Bahn

Weitere Infos:
www.schwyzer-wanderwege.ch

Es gibt mehrere Gründe, warum ich diese Wanderung empfehle: Da ist mal die schöne Aussicht, dann führt fast die gesamte Strecke über Naturstrassen, es hat zudem keine grossen Steigungen, dafür viele Berggasthäuser an der Strecke. Grosse Drehgondeln sind in den Alpen ja nichts Aussergewöhnliches mehr. Von Sattel auf Hochstuckli besteht, nach Aussagen des Bahnbetreibers allerdings, die weltweit erste Drehgondelbahn «Stuckli Rondo». Die 8er-Gondeln wurden nach dem 4-Jahreszeiten-Konzept mit den Farben Grün (Frühling), Gelb (Sommer), Rot (Herbst) und Blau (Winter) bemalt. Von der Talstation in Sattel sind wir in acht Minuten auf dem Mostelberg, wo unsere Wanderung beginnt.

Gegen Norden sehen wir einen Teil des Ägerisees. Bei der Engelstockweid gehen wir den Weg rechts um den Engelstock via Mostelegg,

Foto: Fritz Heni

Mostelberg (1191 m) –
Engelstockweid (1149 m) – Mostelegg (1210 m) – Haggenegg
(1414 m) – Zwüschet Mythen
(1356 m) – Holzegg (1405 m) –
Ibergeregg (1406 m)

so bietet sich uns die schönere Aussicht ins Tal. Bis Haggenegg folgen wir dem Kreuzweg. Beim Restaurant Haggenegg gibt es viele Veloständer, ein Zeichen dafür, dass das Gebiet rund um die Mythen auch ein herrliches Bikeparadies ist. Die schroffe Bergwand des Kleinen Mythen liegt jetzt direkt vor uns. Etwas weiter blicken wir links nach Brunni und Richtung Einsiedeln hinunter.

Bei der urchigen Bergbeiz «Zwüschet Mythen» legen wir den Mittagshalt mit Brot, Chäs und Wurst ein. Nach dem Essen steigen wir auf einem Bergweg bis zur Holzegg hinauf, wo wir uns am Fusse des Grossen Mythen befinden. Bis zur Ibergeregg haben wir von hier aus nur

noch etwa eine Stunde zu wandern, und der Weg ist auch nicht mehr anstrengend. Falls wir noch den Aussichtspunkt bei der Rotenflue besteigen möchten, sind etwa 100 Höhenmeter zusätzlich zu überwinden und die Wanderung verlängert sich um gut 45 Minuten.

Charakteristik:
Genusswanderung, grösstenteils auf Naturwegen mit schönen Ausblicken

39

Wanderzeit: 2 h 45 min
Länge: 9,9 km
Höhendifferenz: 100 m bergauf, 300 m bergab

Winterzauber mit grandioser Aussicht

Anreise:
Mit der Bahn nach Arth-Goldau und mit der Rigi Bahn bis Kräbel, weiter mit der Luftseilbahn auf Rigi Scheidegg

Jahreszeit:
Winter: Dezember bis März oder ganzjährig

Wanderkarte:
1:50 000 Rotkreuz 235T

Schwierigkeit:
leicht

Startkaffee:
Berggasthaus Rigi Scheidegg,
6410 Rigi Scheidegg (Ruhetag: DO) oder Berggasthaus Rigi Burggeist, 6442 Gersau (Ruhetag: DI)

Mittagessen:
Hotel-Restaurant Alpina, 6356 Rigi Kaltbad (täglich geöffnet)

Rückreise:
Mit der Rigi Bahn nach Vitznau und mit dem Schiff nach Luzern

Weitere Infos:
www.rigi.ch

geschlossen ist. Es gilt also zuerst etwa 20 Minuten und 100 Höhenmeter abwärts zu wandern. Um nach dem Kaffee auf den Höhenweg zu gelangen, steigen wir nur noch 40 Höhenmeter auf. Von nun an ist es reinstes Wandervergnügen.

Gemäss einer Infotafel bei Unterstette wurde 1874 von Rigi Kaltbad bis hierher die

Seit das Generalabonnement des öffentlichen Verkehrs auch die Rigi Bahnen einschliesst, ist es doppelt interessant, diesen schönen Berg als Wanderziel zu wählen. Heute legen wir die Route allerdings so, dass eine Teilstrecke zu bezahlen ist, nämlich die Luftseilbahn von Kräbel auf die Scheidegg. Wir steigen also bei

Kräbel aus der von Arth-Goldau abfahrenden Rigi Bahn und steigen in die Luftseilbahn um. Für grössere Gruppen ist es ratsam zu reservieren, da die Kapazität der Gondel mit 15 Personen angegeben ist. Das Startkaffee nehmen wir heute im Restaurant Burggeist, da in der Scheidegg das Restaurant am Donnerstag

erste Teilstrecke der damals höchstgelegenen Adhäsionsbahn Europas in Betrieb genommen und ein Jahr später bis Scheidegg verlängert. Im Herbst 1931 allerdings wurde die von Anfang an defizitäre Bahn ausser Betrieb gesetzt. Das Bahntrasse ist heute ein komfortabler Wanderweg. Eine 50 Meter lange eiserne Brücke

Fotos: Fritz Hani

Bergstation Rigi Scheidegg (1645 m)
– Restaurant Scheidegg (1656 m)
oder Restaurant Burggeist (1551 m)
– Unterstette (1452 m) – Rigi First
(1453 m) – Rigi Kaltbad (1433 m) –
Chänzeli (1464 m)
– Rigi Kaltbad (1433m)

sowie ein 70 Meter langer Tunnel aus dieser Zeit helfen so elegant Höhenunterschiede zu umgehen. Wenn man sich in die Zeit der Wende ins 20. Jahrhundert zurückversetzt, so ist es immer wieder erstaunlich zu lesen und zu hören, was damals für ein Unternehmergeist herrschte. Erinnern wir uns nur an die riesigen Hotelbauten, die damals entstanden, oder auch an die Eisenbahnprojekte von Gotthard, Lötschberg und Albula.

Nach dem Mittagessen in Rigi Kaltbad beschliessen wir, quasi als Dessert, noch einen kleinen Abstecher von einer halben Stunde zum Chänzeli zu unternehmen. Das ist ein einmaliger Aussichtspunkt. Er ist ziemlich genau 1000 Meter über dem Vierwaldstättersee. Die Aussicht in die Innerschweizer Berge ist phänomenal. Im Vordergrund fallen besonders die beiden Spitzen des Buochser- und Stanserhorns auf. Den Pilatus etwas mehr

rechts, erkennt man sofort an seiner charakteristischen Form. Selbst die Berner Alpen sind sichtbar.

Charakteristik:
Wunderschöne Panoramawanderung ohne grosse Höhenunterschiede mit grandioser Aussicht

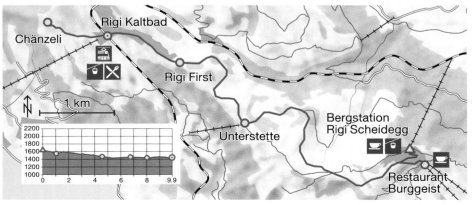

MITTELLAND

Biel/Bienne
Stu
Twann
Bielersee
Täuffelen
Aar
Erlach
Kerzers
Murtensee
Murten
Laup
Saane
Düdingen
44

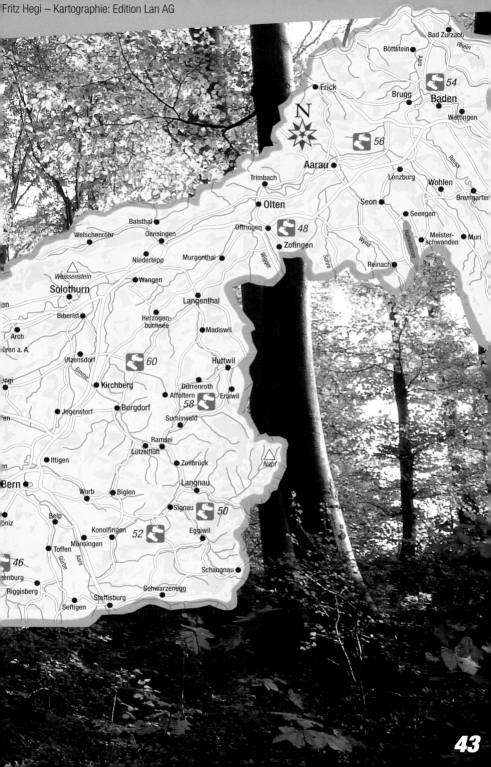

Wanderzeit: 3 h 30 min
Länge: 12,3 km
Höhendifferenz: 340 m bergauf, 340 m bergab

Freiburger Gastfreundschaft

Anreise:
Von Freiburg mit dem Bus nach
St. Ursen Dorf
Jahreszeit:
ganzjährig
Wanderkarte:
1:50 000 Avenches 242T,
Bulle 252T, Gantrisch 253T
Schwierigkeit:
mittelschwer
Startkaffee:
Restaurant zum Goldenen Kreuz,

Dorf 3, 1717 St. Ursen (Ruhe-
tag: MO, an den übrigen Tagen
nur vormittags geöffnet)
Mittagessen:
Restaurant Zum brennenden
Herz, 1718 Rechthalten (Ruhe-
tage: MI, DO)
Rückreise:
Mit dem Bus ab St. Ursen Dorf
nach Freiburg
Weitere Infos:
www.fribourgtourisme.ch

Es ist Ende März, der Himmel ist bedeckt, als wir uns
aufmachen, den Fofenhubel

mit seiner grandiosen Aussicht zu besteigen. «Besteigen» ist allerdings ein gros-

ses Wort. Der Wanderweg
steigt nämlich sehr gemütlich an. Mal geht es durch
lichten Buchenwald, dann
wieder über offenes Feld.
Die in unserem Naturkunde-
buch beschriebenen Gelän-
de- und Bewirtschaftungs-
formen hätten wir ohne diese Erläuterungen nicht so
empfunden. Mit guten Hin-
tergrundinformationen
macht das Wandern noch
mehr Spass (siehe «Quelle»).
Bis 1848 hiess Sankt Ursen
offiziell Enet-dem-Bach-
Schrot. Der französische Name der Gemeinde lautet
Saint-Ours; auf Sensler-
deutsch Santùrsche. Die
Sankt-Ursus-Kapelle, kurz
nach Beginn der Wanderung,
wurde um 1539 erbaut und

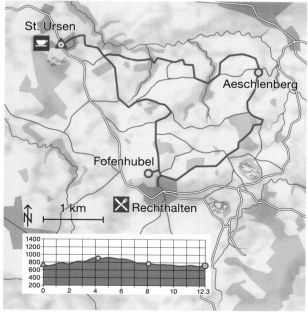

Foto: Fritz Heni

St. Ursen (713 m) – Aeschlenberg (764 m) – Halta (768 m) – Fofenhubel (917 m) – Rechthalten (881 m) – Balletswil (811 m) – St. Ursen (713 m)

1988 letztmals umfassend restauriert. Sie besitzt eine dekorative Innenausmalung von 1606. Weiter geht es an typischen Freiburger Bauernhäusern vorbei. Nach gut einer Stunde sind wir auf dem Fofenhubel. Ein riesiges Betonkreuz, zwei kleine Bäume, ein Hundekotbehälter und eine Sitzbank befinden sich hier. Und: eine grandiose 360-Grad-Aussicht! Wir steigen zum nahe gelegenen Dorf Rechthalten ab und hoffen auf ein Restaurant. Mitten im Dorf finden wir das Restaurant «Zum brennenden Herz». Wir treten ein und stellen erst jetzt fest, dass es nur für eine geschlossene Gesellschaft geöffnet ist. Die Wirtin ist aber sehr nett und serviert uns trotzdem einen Kaffee. Wir werfen einen Blick in die Speise- und Weinkarte und beschliessen, dass wir hierher gerne wieder zurückkommen.

Quelle: Diese Wanderidee stammt aus dem Naturkundeführer «Schauen und Wandern im freiburgischen Senseland» von Bernhard Zurbriggen – ein sehr zuverlässiges Wanderbuch mit 24 Rundwanderungen. Es bietet eine Fülle von wertvollen Informationen über Naturgeschichte, Geologie, Vegetation, Fauna und Klima dieser einzigartigen Landschaft.

Charakteristik:
Einfache Rundwanderung mit geringen Steigungen

45

Wanderzeit: 3 h
Länge: 10,4 km
Höhendifferenz: 250 m bergauf, 300 m bergab

Auf dem Jakobsweg

Anreise:
Ab Köniz oder Toffen mit dem
Bus nach Rüeggisberg Post
Jahreszeit:
ganzjährig
Wanderkarte:
1:50 000 Bern 243T
Schwierigkeit:
mittelschwer
Startkaffee:
Gasthof zum Bären, 3088 Rüeg-
gisberg (täglich geöffnet)

Mittagessen:
Restaurant Heubach, Wislisau,
3154 Rüschegg (täglich geöff-
net)
Rückreise:
Mit der Bahn ab Schwarzenburg
Weitere Infos:
www.jakobsweg.ch

Edi und ich sind heute auf
dem Jakobsweg unterwegs,
und zwar auf dem Teilstück
des mittelalterlichen Pilger-
pfades Amsoldingen–Ro-
mont, welcher durch das
Schwarzenburgerland führt.
Rüeggisberg liegt am Ende

des Längenbergs und weist
einige schöne Häuser sowie
eine Kirche mit einer Uhr mit
goldenen Zeigern und Zif-
fern auf. Die Ruinen aus-
gangs des Dorfes sind die
letzten Zeugen des 1072
gegründeten, ehemals statt-

lichen Klosters Rüeggisberg,
welches ein wichtiger Etap-
penort auf dem Weg ins ferne Santiago de Compostela
war. Das 1528 protestan-
tisch gewordene Bern
machte mit den Zeugen der
alten Religion kurzen Pro-
zess: Die Einrichtungen der
Katholiken wurden umge-
nutzt oder zerstört. Die Klosterkirche baute man zum
Kornhaus um und die Wohn-
und Wirtschaftsgebäude der
Mönche wurden abgebro-
chen. Das, was man heute
von der Kirche noch sieht,
macht noch zehn Prozent
des ursprünglichen Volu-

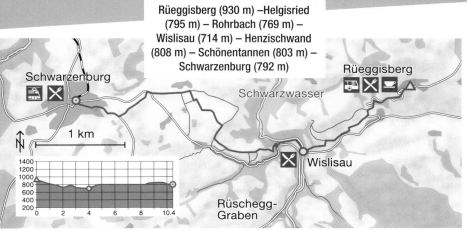

Rüeggisberg (930 m) –Helgisried
(795 m) – Rohrbach (769 m) –
Wislisau (714 m) – Henzischwand
(808 m) – Schönentannen (803 m) –
Schwarzenburg (792 m)

mens aus. Der Jakobsweg ist in der ganzen Schweiz mit braunen Wegweisern gut gekennzeichnet. Wir wandern auf dem alten Klosterweg – 1533 erstmals urkundlich erwähnt und 1986 wiedererstellt. Zuerst gehts dem Waldrand entlang, abwechselnd durch schattige Waldungen hinunter nach Helgisried. Berg- und Feldwege führen uns zum Restaurant in Wislisau. Nach Überqueren der Schwarz-

wasserbrücke folgen wir ein kurzes Stück dem Fluss entlang bis zur Lindenbach-Holzbrücke. Wir halten uns Richtung Elisried. Auf der grossen Ebene links von uns stand während fast 60 Jahren – von 1939 bis März 1998 – eine Kurzwellen-Sendestation. Mit ihren Sendern und Antennen war sie für die Schweiz mit dem Kurzwellendienst ein Sprachrohr und mit der Radio-Telefonie und Telegrafie

eine Kommunikationseinrichtung, welche der abgeschlossenen Schweiz im Zweiten Weltkrieg unschätzbare Dienste leistete. Neue technische Entwicklungen, wirtschaftliche Gründe, aber auch Widerstände in der Bevölkerung führten 1997 zum Beschluss, das Sendezentrum 1998 stillzulegen.

Charakteristik:
**Angenehmer Pilgerweg
vom Längenberg ins
Schwarzenburgerland**

Wanderzeit: 3 h 15 min
Länge: 11,8 km
Höhendifferenz: 350 m bergauf, 300 m bergab

Oltner Sonntagsausflug

Anreise:
Mit der Bahn nach Olten
Jahreszeit:
März bis Oktober
Wanderkarte:
1:50 000 Olten 224T
Schwierigkeit:
mittelschwer
Startkaffee:
Restaurant Buffet, Olten Bahnhof,
4600 Olten (täglich geöffnet)

Mittagessen:
Charmgasthof Bad Lauterbach,
Tanngraben 3, 4665 Oftringen
(Ruhetage: MO–MI, Betriebszeiten beachten)
Rückreise:
Mit der Bahn ab Zofingen
Weitere Infos:
de.wikipedia.org/wiki/
Saelischloessli

Wenn man die Wanderung in Olten beginnt, ist das Sälischlössli zu Fuss in 1 h 10 min zu erreichen. Umgekehrt von Zofingen her in etwa 2 h. Also ideal für den Mittagshalt, wenn das Restaurant geöffnet wäre. Immer schon gab es ein Restaurant auf dem Sälischlössli. Allerdings ist dessen Geschichte der letzten 15 Jahre auf diesem wunder-

schönen 360-Grad-Aussichtspunkt wenig ruhmreich. Im Jahr 2000 erwarb der Starkoch Anton Mosimann das Oltner Wahrzeichen im Baurecht für rund eine halbe Million Franken und verpflichtete sich mit einem jährlichen Baurechtszins von 70 000 Franken bis ins Jahr 2050. Er hatte das Ziel, hier einen Gourmettempel unter neuem Namen

«Château Mosimann» zu betreiben. Er investierte drei Millionen Franken für Ausbauten. Drei Jahre später war allerdings wegen mangelnder Frequenzen bereits wieder Schluss, Mosimann verliess sein Château und verpachtete das Restaurant. Im Jahr 2006 kaufte die Bürgergemeinde das Sälischlössli zum alten Preis zurück und erhielt Mosimanns Investitionen quasi geschenkt. Das Restaurant blieb einige Zeit geschlossen, öffnete kurz, ist heute aber leider wieder zu. Ich bedaure das sehr. Wäre es doch der ideale Mittagshalt, ob von Olten oder Zofingen her, da es ungefähr in der Mitte liegt. Das Bad Lauterbach, etwas näher bei Zofingen, ist aber auch eine sehr gute Adresse. Im Sommer hat man von der Terrasse eine gute Sicht über das Mittelland und in die Alpen. Die Wanderung selber hat keine allzu grossen Steigungen und ist für jedermann

Fotos: Fritz Heni

Olten (396 m) – Schloss Wartburg-
Säli (681 m) – Bad Lauterbach
(517 m) – Küngoldingen (434 m) –
Zofingen (432 m)

geeignet. Natürlich sind wir im Mittelland und kommen somit mit der dichten Besiedlung und Verkehrswegen immer wieder in Berührung. Es zeigt aber auch die Faszination, welche wir in der Schweiz haben. Einerseits das überbaute Land und auf der andern Seite die freie Natur. Alles sehr nahe beieinander.

Ein Muss ist die Besichtigung der wunderschönen Altstadt von Zofingen.

Charakteristik:
Viel Natur und schöner Aussichtspunkt im stark überbauten Mittelland

49

Wanderzeit: 4 h
Länge: 11,7 km
Höhendifferenz: 580 m bergauf, 520 m bergab

Emmental pur

Anreise:
Mit der Bahn nach Langnau i.E.
Jahreszeit:
März bis November
Wanderkarte:
1:50 000 Escholzmatt 244T
Schwierigkeit:
anspruchsvoll
Startkaffee:
Pöstli Langnau GmbH, Bahnhofstrasse 13, 3550 Langnau i.E. (Ruhetag: DO)

Mittagessen:
Restaurant Blapbach, 3555 Trubschachen (Ruhetage: SO ab 19 h, MO) oder Restaurant Hochwacht, Hochwacht 169, 3550 Langnau i.E. (Ruhetage: MO und DI)
Rückreise:
Ab Eggiwil Dorf mit dem Bus nach Signau und weiter mit der Bahn
Weitere Infos:
www.blapbach.ch

Es ist ein Frühlingstag, als ich diese Wanderung unternehme. Heute bin ich allein unterwegs. Der Zug bringt

Hochwacht hinaufführen. Blühende Apfelbäume und stattliche Bauernhöfe ringsum. Die Hochwacht ist ein

erster Aussichtspunkt. Es gibt einige Ruhebänklein da oben, von denen aus man die Rundsicht auf die Napfkette, zum Pilatus, zur markanten Schrattenfluh bis zu den Berner Alpen geniessen kann. Es gäbe auch ein Restaurant in der Nähe. Es ist aber noch zu früh, so dass ich auf breiten Wegen bis Blapbach weiterwandere. Ich komme beim Hegeloch vorbei. Auf der Infotafel lese ich: Der Tunnel wurde 1839/1840 durch die Bau-

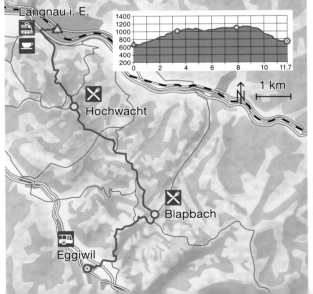

mich in knapp 45 min von Bern nach Langnau. Zuerst gehe ich ein ganz kurzes Stück der Ilfis entlang. Der Weg steigt dann ziemlich steil an. Es sind herrliche Pfade, die mich auf die

Langnau i.E. (673 m) – Vorder-/Hinterzwygarten (856 m) – Hochwacht (1035 m) – Hegeloch (1117 m) – Blapbach (1100 m) – Eggiwil (739 m)

ern der Umgebung mit altem Bernpulver ausgesprengt. Einen finanziellen Beitrag leistete auch das Inselspital in Bern, das in der Nähe reichen Alpbesitz besass. Neben dem Urnerloch dürfte es wohl einer der ersten Tunnel der Schweiz sein.
Das Restaurant Blapbach ist

von Langnau her in 2 h 30 min erreichbar. Auf der Terrasse esse ich eine Bratwurst mit Rösti. Die typische Bergbeiz ist auch berühmt für ihre Meringues. Auf die letzte Etappe hinunter nach Eggiwil geht's mit vollem Bauch – auch hier wieder, wie beim Aufstieg, herrliche

Ausblicke. Von Eggiwil, mit dem unverfälschten Dorfbild, bringt mich der Bus zurück nach Signau und von dort die Bahn nach Bern.

Charakteristik:
Vom Tal der Ilfis an Bauernhöfen und Eggen vorbei ins Tal der Emme

Wanderzeit: 3 h
Länge: 8,3 km
Höhendifferenz: 400 m bergauf, 300 m bergab

Wandern in Gotthelfs Welt

Anreise:
Mit der Bahn nach Bowil
Jahreszeit:
ganzjährig
Wanderkarte:
1:50 000 Bern 243T und
Escholzmatt 244T
Schwierigkeit:
mittelschwer
Startkaffee:
Café Dörfli, Bernstrasse 11,
3533 Bowil (Ruhetag: MO)
Mittagessen:
Restaurant Piste, 3538 Röthen-
bach i.E. (Ruhetage: MI + DO)
oder Wanderstübli, Gauchern
262, 3538 Röthenbach (Ruheta-
ge: MO und DI)
Ausserdem: Kafi Schöpfli, Würz-
brunnen, 3538 Röthenbach (ge-
öffnet März bis Oktober ab
13h00, Ruhetag: MO)
Rückreise:
Ab Röthenbach i.E. mit dem Bus
nach Signau und weiter mit der
Bahn
Weitere Infos:
www.emmental.ch

Die Wetterprognose war alles andere als gut. Starker
Regen war angesagt. Wir
lassen uns nicht beeindrucken und starten in Bowil zu
dieser dreistündigen Wanderung ins tiefe Emmental.
Nach der Bahnüberquerung
gelangen wir auf das weite
Feld von Bowil. Die Kirche
und ein Teil des Dorfes befinden sich in einiger Distanz vom Bahnhof. Bei den
grossen Bauernhäusern
zweigt der Weg nach links
ab und folgt dann ein kurzes
Stück einer Asphaltstrasse,
bis wir rechts auf den Feld-
weg abbiegen können. Bald
geht es in den Wald. Wir
sind angenehm überrascht,
dass die Wetterprognose
überhaupt nicht Recht hatte.

Es wird so warm, dass wir
uns sogar der Jacken entle-
digen können.
Beim hölzernen Aussichts-
turm in der Nähe des Chu-
derhüsi gibt es einige inter-
essante Informationen zu
lesen: Erbaut wurde der
Turm erstmals im Jahre
1998 zu Ehren des 850-
Jahr-Jubiläums der Gemeinde Röthenbach i.E.. Am 23.
März 2001 wurde er ein
Raub der Flammen. Man
baute ihn sofort wieder auf,
bereits ein Jahr später
konnte er zum zweiten Mal

Bowil Bahnhof (705 m) – Bowil Dorf (733 m) – Meienried (1005 m) – Aussichtsturm (1132 m) – Chuderhüsi (1099 m) – Würzbrunnen (957 m) – Röthenbach i.E. (824 m)

eingeweiht werden. Das Holz stammt von den mächtigen Weisstannen der Umgebung. Der Picknickplatz am Fuss des Turms eignet sich gut für ein Apéro oder eine Mittagspause. Hat man die 195 Treppenstufen auf den Turm erklommen, erwartet einen ein eindrückliches Panorama, welches von den Berner Alpen bis hin zum Schwarzwald reicht. Der Abstieg nach Röthenbach i.E. ist einfach und genussvoll. Er führt am bekannten Hochzeitskirchlein Würzbrunnen vorbei. Hier spielten auch Szenen der Gotthelf-Verfilmungen (Ueli der Knecht). Und kurz vor Röthenbach i.E. hatte die Wetterprognose dann doch noch recht. Es fing an zu regnen…

Charakteristik:
Durch schöne Wälder zum fabelhaften Aussichtspunkt mit Blick ins Herz des Emmentals und auf die Alpen

53

Wanderzeit: 3 h
Länge: 9,4 km
Höhendifferenz: 315 m bergauf, 315 m bergab

Zur Geschichte der Schweizer Juden

Anreise:
Mit der Bahn nach Baden
Jahreszeit:
ganzjährig
Wanderkarte:
1:50 000 Baden 215T
Schwierigkeit:
mittelschwer
Startkaffee:
Restaurant Arcade,
Bahnhofplatz 1, 5400 Baden
(Ruhetag: SA)

Mittagessen:
Picknick oder am Schluss im
Restaurant Schmidstube, Win-
kelstrasse 6, 5304 Endingen
(Ruhetag: MI)
Rückreise:
Von Endingen Post mit dem Bus
nach Brugg oder Baden und
weiter mit der Bahn
Weitere Infos:
www.endingen.ch

Tritt man in Baden auf die
Terrasse vor dem Bahnhof,
fällt uns Wanderern sofort
auf, dass wir uns im Zentrum eines riesigen Wander-
gebietes befinden müssen.
16 Wegweiser zeigen näm-
lich auf Wanderziele in der
näheren und weiteren Um-
gebung. Auch Endingen ist
gut bezeichnet. Wir folgen
also diesem Wegweiser an
die Limmat und dann durch
die Rebberge auf der andern
Seite hinauf dem Wald zu.
Beim Hörndliplateau mit der
Riesenantenne haben wir
bereits den höchsten Punkt
(624 m) unserer Wanderung
erreicht. Es ist eine Hochebene mit wunderschönen

Bänklein am Wald- und
Wegrand. Die Temperatur ist
angenehm warm. Da auch

die Uhr gegen Mittag geht,
ist es Zeit, dass wir die
Sandwiches auspacken und
genüsslich einen Halt ein-
schieben, begleitet von einem Walliser Weisswein. Der
breite Weg senkt sich nun
etwa vier Kilometer durch
angenehmen Mischwald ge-
gen Endingen. Das Dorf hat,
zusammen mit dem benach-
barten Lengnau, für die
Schweizer Juden eine ge-
schichtliche Bedeutung. Aus

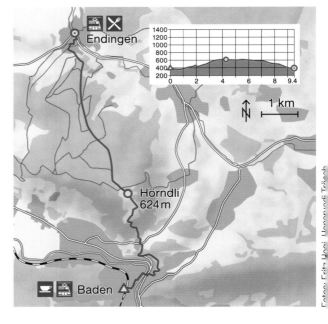

der Homepage der Gemeinde Endingen entnehmen wir: «Gemäss Beschluss der Tagsatzung der acht alten Orte im Jahre 1678 durften sich die Juden in den Surbtaler Gemeinden Endingen und Lengnau niederlassen. Damit ändert sich langsam, aber stetig das Erscheinungsbild der Gemeinde. Die jüdischen und christlichen Familien lebten oft unter einem Dach. Die Synagoge aus der Mitte des 19. Jahrhunderts ist das markanteste Symbol dieser bewegten Zeit. Obwohl das Nebeneinander nicht immer einfach war, arrangierten sich Christen und Juden im täglichen Leben. In der Mitte des letzten Jahrhunderts zählte das Dorf rund 2000 Einwohner – je zur Hälfte Juden und Christen. Zum Vergleich: in

der Stadt Baden lebten damals nur gerade 1500 Personen. Den jüdischen Mitbewohnern war aber nur die Ausübung einiger weniger Berufe gestattet, so zum Beispiel der Handel. Erst im Jahre 1876 erhielten die Juden die volle Gleichberechtigung in den bürgerlichen Rechten und Ehren. Damit zogen die Familien Bollag, Bloch, Braunschweig, Dreifuss, Kohn, Picard, Pollak und Wyler weg von Endingen in alle Welt. Einige von ihnen wurden bekannte Persönlichkeiten wie etwa Bruno Bloch, Direktor der Dermatologischen Universitätsklinik in Zürich, der

Charakteristik:
Durch Rebberge und Wälder – ohne mühsame Auf- und Abstiege

Filmregisseur William Wyler oder die ehemalige Bundesrätin Ruth Dreifuss. Heute weisen noch die Doppeltüren der Wohnhäuser, die Synagoge und einige andere bauliche Besonderheiten in der Gemeinde auf diese bewegte Zeit hin; im Bewusstsein der Bevölkerung ist dieser Zeitabschnitt – und die entsprechenden Lehren daraus – immer noch fest verankert.» Der Bus bringt uns wieder zurück nach Baden oder Brugg.

Wanderzeit: 3 h 30 min
Länge: 15,0 km
Höhendifferenz: 50 m bergauf, 50 m bergab

Im Aargau der Aare entlang

Anreise:
Mit der Bahn nach Aarau
Jahreszeit:
ganzjährig
Wanderkarte:
1:50 000 Olten 224T und
Liestal 214T
Schwierigkeit:
leicht
Startkaffee:
Restaurant Laterne, Rathaus-
gasse 15, 5000 Aarau (Ruheta-
ge: SO und MO und allgemeine
Feiertage)
Mittagessen:
Ristorante Sale e Pepe, Bahn-
hofstrasse 2, 5103 Wildegg (Ru-
hetage: MO und DI)
Rückreise:
Mit der Bahn ab Schinznach-
Bad nach Brugg oder Aarau
Weitere Infos:
Auenschutzpark Kanton Aargau
www.ag.ch

In mehreren Etappen und total 25 Stunden Marschzeit führt der Aargauerweg Nr. 42 von Frick nach Bremgarten. Heute nehmen wir ein Teilstück an der Aare unter die Füsse. Zuerst geht es vom neuen Bahnhof in Aarau in die Altstadt, wo uns viele Restaurants zur Stärkung einladen. Wir nehmen dankend an – es regnet stark. Unterwegs an der Aare faszinieren uns die Biberspuren. Die Tiere geniessen ihre neue Freiheit und man sieht ihre Spuren an den Bäumen. Es ist schon erstaunlich, was diese Nager alles beissen können. Auch die dicksten Stämme sind nicht sicher vor ihnen. Auf der andern Seite der Aare erblicken wir das Schloss Biberstein mit dem Berner Wappen. Dann ein lustiges Hinweisschild im Aareschächli: Durch das grosse Nahrungsangebot in Form von freischwimmenden Hunden im Naturschutzgebiet hätten sich jetzt auch noch Schwertwale eingenistet. Deshalb empfehle man den Hunden das gefahrlose Baden allenfalls nur noch beim Dreibrückenplatz in der Giessen. Robert ist gestern Grossvater geworden. Er spendiert heute den Apéro, worauf wir dem frischgebackenen Grossvater herzlich gratulieren und auf das Wohl der kleinen Erdenbürgerin anstossen. Zwischen Rupperswil und Wildegg dann riesige Erdverschiebungen infolge der Renaturierungen. In ein paar Jahren wird das alles über-

Foto: Fritz Hari

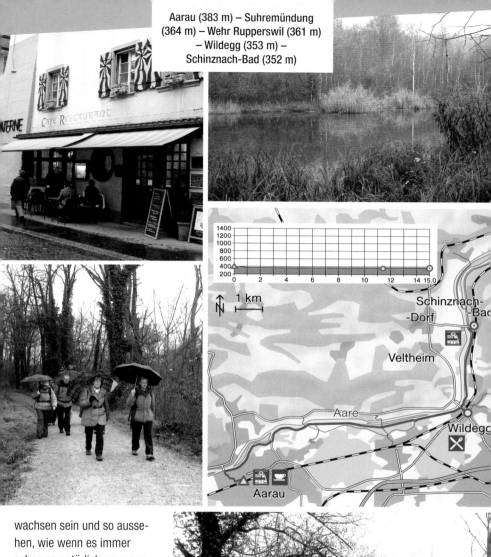

Aarau (383 m) – Suhremündung (364 m) – Wehr Rupperswil (361 m) – Wildegg (353 m) – Schinznach-Bad (352 m)

wachsen sein und so ausse-
hen, wie wenn es immer
schon so natürlich gewesen
wäre. Wildegg bietet sich für
einen Mittagshalt an. Bis
Schinznach-Bad ist es
schliesslich noch gut eine
Stunde.

Charakteristik:
Flussuferwanderung
durch wunderschön rena-
turierte Auenlandschaft

57

Wanderzeit: 3 h
Länge: 12,3 km
Höhendifferenz: 250 m bergauf, 300 m bergab

Historische Restaurants

Anreise:
Mit dem Bus ab Sumiswald oder
Huttwil nach Dürrenroth Dorf
Jahreszeit:
ganzjährig
Wanderkarte:
1:50 000 Willisau 234T
Schwierigkeit:
mittelschwer
Startkaffee:
Bären Dürrenroth, Dorfstr. 20,

3465 Dürrenroth/BE (täglich
geöffnet)
Mittagessen:
Restaurant Oberwald,
3465 Dürrenroth (Ruhetage MO
und DI)
Rückreise:
Mit der Bahn ab Sumiswald-
Grünen
Weitere Infos:
www.emmental.ch

lassen es uns nicht nehmen
und besichtigen das Restaurant samt Kaffeegenuss,
auch von innen.
Bis zum Oberwald verläuft
der Weg zuerst über offenes
Gelände, dann ein kurzes
Stück durch den Oberwald.
Diesen verlassen wir dann
auf ca. 890 m ü. M. Links

Warum stehen im Emmental
so viele Linden? Zufällig bin
ich auf einen interessanten
Bericht des Berner Sagen-
und Geschichtsforschers
Pier Hänni gestossen. Hänni
vermutet in seinem Buch
«Magisches Bernbiet» (AT
Verlag, Aarau), dass die
sanften Hügel des Emmen-
tals der Linde eine besonders passende Kulisse ge-
boten hätten und unsere

Vorfahren nach heftigen
Waldrodungen mit den Bäu-
men die Landschaft wieder
zu verschönern versuchten.
Die Vorliebe für den Linden-
baum war im Emmental of-
fensichtlich sehr ausge-
prägt.
Der «Bären» in Dürrenroth
wurde im Jahre 2000 als
historisches Restaurant ausgezeichnet (Baudenkmal von
nationaler Bedeutung). Wir

von uns treffen wir auf das
alte Restaurant Oberwald.
An der Fassade unter der
Dachrundung steht die Jahreszahl 1762. Im Innern des
Restaurants fühlt man sich
um Jahre zurückversetzt.
Eine alte Jukebox mit echten Vinyl-Schallplatten steht
in einer Ecke und funktio-
niert noch. Wir geniessen
eine kräftige Suppe, Rauch-
würste mit Kartoffelsalat

Fotos: Fritz Häni

Dürrenroth (696 m) – Feld (745 m)
– Oberwald (884 m) – Punkt 948 m
– Dreherhüsli (870 m) – Sumiswald-
Grünen (662 m)

und zum Dessert eine Me-
ringue. Das Restaurant ist
wirklich eine Attraktion.
Über die Schonegg erreichen

wir Sumiswald, bekannt
auch durch die Turmuhren-
fabrik J.G.Baer.

Charakteristik:
Einfache, genussvolle
Wanderung vorbei an
einem wunderbaren
Restaurant

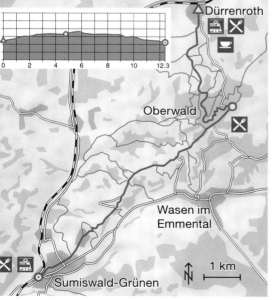

Wanderzeit: 3 h 15 min
Länge: 12,6 km
Höhendifferenz: 200 m bergauf, 200 m bergab

Der Oberaargau gehört zu Bern

Anreise:
Mit der Bahn nach Wynigen
Jahreszeit:
ganzjährig
Wanderkarte:
1:50 000 Solothurn 233T
Schwierigkeit:
leicht / mittelschwer
Startkaffee:
Bäckerei-Konditorei-Confiserie-Café Meier, Dofstrasse 23,

3472 Wynigen (Ruhetage: MI und SA-Nachmittag)
Mittagessen:
Restaurant Rudswilbad, 3423 Ersigen (Ruhetage: SO ab 18 Uhr bis DI 17 Uhr)
Rückreise:
Mit der Bahn ab Wynigen
Weitere Infos:
www.myoberaargau.com

Obwohl ich den Oberaargau eigentlich kennen sollte, da ich ja dort geboren wurde und aufgewachsen bin, interessierte mich die Frage, wie die Gegend denn eigentlich definiert wird. Im Wikipedia bin ich fündig geworden und lese abgekürzt folgendes: «Es ist der nordöstlichste Teil des Kantons Bern und grenzt an die Kantone Aargau, Solothurn und Luzern. Im Süden geht der Oberaargau nahtlos ins Emmental über. Die Grenze ist nicht immer gleich definiert. Die Gemeinde Dürrenroth z. B. liegt nördlich der Wasserscheide zwischen Aare und Emme und ist deshalb geographisch gesehen Teil des Oberaargaus; politisch gehört sie aber zum Verwaltungsbezirk Emmental. Die Gemeinde Wynigen jedoch liegt sicher noch im Oberaargau.»

Es herrscht anlässlich unserer Wanderung ein kalter Wintertag. Wir unternehmen eine gut dreistündige Rundwanderung durch die typische Oberaargauer Landschaft. Da gibt es viele ausgedehnte Wälder und freie Ländereien, die man eigentlich im stark überbauten Mittelland so nicht mehr erwartet. Umso grösser ist natürlich die Entdeckung und Begeisterung für dieses

Foto: Fritz Häni

60

Wynigen (527 m) – Wil (511 m) –
Niederösch (485 m) – Rudswilbad
(537 m) – Reiteneggwald (601 m) –
Wynigen (527 m)

schöne Wandergebiet. Wir machen die Rundwanderung gegen den Uhrzeigersinn. Das heisst, wir wandern zuerst durch den Birchliwald Richtung Wil. Weiter geht es durch kleine Wälder und über sanfte Hügel nach Niederösch. Das währschafte Bauerndorf ist im Jahr 1812 von einer schweren Feuersbrunst heimgesucht worden. Das «Rudswilbad» erlebe ich als eine Entdeckung. Das junge Wirtepaar investiert viel in den Betrieb. Die Wirtin zeigt uns auch die lange Höhle, welche zur hauseigenen Wasserquelle führt, deren Wasserqualität durch die Kreuz-Apotheke in Zollikofen überprüft und attestiert wird. Im Reiteneggwald kreuzen wir den alten Märitweg und erreichen die höchste Stelle (Pt. 601) der Wanderung, bevor wir durch den Tannwald wieder nach Wynigen zurückkehren.

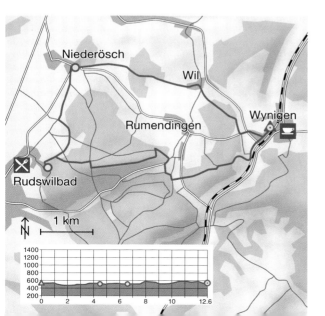

Charakteristik:
Wanderung ohne grosse Höhenunterschiede durch Wälder und über Felder

JURA

Vallort

Le Pont

Lac de Joux

Le Sentier

Boncourt

Bonfol

Porrentruy

Charmoille

Réclère

Delémont

St-Ursanne

Bassecourt

Le Doubs

St-Brais

Montfaucon

Saignelégier

68

Bellelay

Tavannes

La Birse

Le Doubs

Les Breuleux

64

St-Imier

70

Biel/Bienne

Chasseral

La Chaux-de-Fonds

Twann

66

Bielersee

Le Locle

La Neuveville

Cressier

Chaumont

La Brévine

Neuchâtel

Noiraigue

138

Bevaix

Fleurier

L'Areuse

Provence

Lac de Neuchâtel

Chasseron

Corcelles

e-Croix

Grandson

2

Yverdon

az

ay

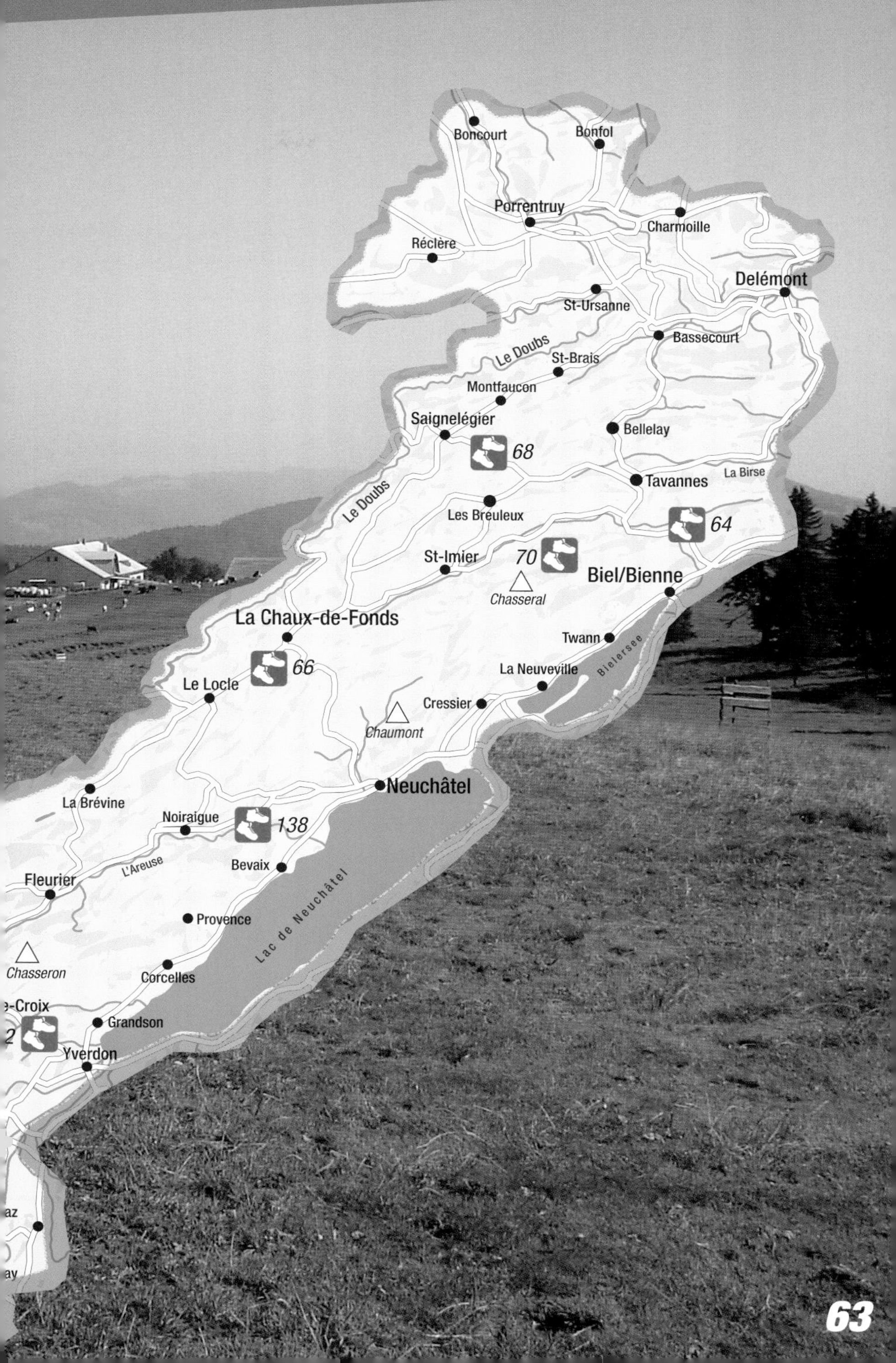

Wanderzeit: 4 h
Länge: 11 km
Höhendifferenz: 495 m bergauf, 545 m bergab

Robert Walsers Berg und eine wilde Schlucht

Anreise:
Mit der Bahn nach Biel und mit dem Bus bis Biel, Ried (Bus Nr. 8 Richtung Fuchsenried)
Jahreszeit:
März bis November
Wanderkarte:
1:50 000 Solothurn 233T
Schwierigkeit:
anspruchsvoll (nur für trittsichere und schwindelfreie Fussgänger, gutes Schuhwerk empfohlen)
Startkaffee:
Caffè Spettacolo, Bahnhofplatz 2,

2502 Biel (täglich geöffnet)
Mittagessen:
Restaurant Bözingenberg, Bözingenbergstrasse 123, 2504 Biel (Ruhetage: MO + DI)
Rückreise:
Mit dem Bus von Biel, Taubenloch zum Bahnhof Biel und weiter mit der Bahn
Weitere Infos:
www.boezingenberg.ch
www.taubenloch.org

Zitat von Robert Walser: «Und er ist der schönste Berg mit der schönsten Aussicht. Man sieht drei weisse Seen von seiner Höhe aus, viele andere Berge, Ebenen nach drei Richtungen, Städte und Dörfer, Wälder, und das alles so schön in der fernen Tiefe, gleichsam ei-

gens zum Anschauen da unten ausgebreitet.» Voller freudiger Erwartungen starten wir zu siebt, an einem Spätherbsttag zu diesem so wunderbar beschriebenen Berg oberhalb von Biel. Kurz nach der Bushaltestelle Ried (Startkaffee nahmen wir bereits in Biel) überque-

ren wir die Autostrasse der Taubenlochschlucht. Im Tierpark ist es recht still um diese Jahreszeit. Die Murmeli sind bereits im Winterschlaf. Die Luchse schauen uns lange an und wären sicher lieber in der freien Wildbahn. Wir steigen durch den bunten Herbstwald stetig an und erreichen bald den Bözingenberg. Wir geben Robert Walser voll recht mit seiner Beschreibung und stellen fest, dass es so gekommen ist, wie wir gedacht haben. Hinter einer grossen Tanne erblicken wir sofort das weiss-braune Gebäude des Berg- und Ausflugsrestaurants Bözingenberg. Die grosse Aussenterrasse deutet darauf hin, dass hier vor allem im Sommer viel Volk angezogen wird. Die Bratwurst mit Rösti serviert im Gussbratpfännli mundet uns sehr gut.
Der Wegweiser zeigt uns den weiteren Weg Richtung Frinvillier. Wir sind gespannt auf die Taubenlochschlucht.

Foto: Fritz Urech

Biel, Ried (501 m) – Tierpark (555 m)
– Bözingenberg (928 m) – Tubeloch-
brügg (506 m) – Biel, Taubenloch
(446 m)

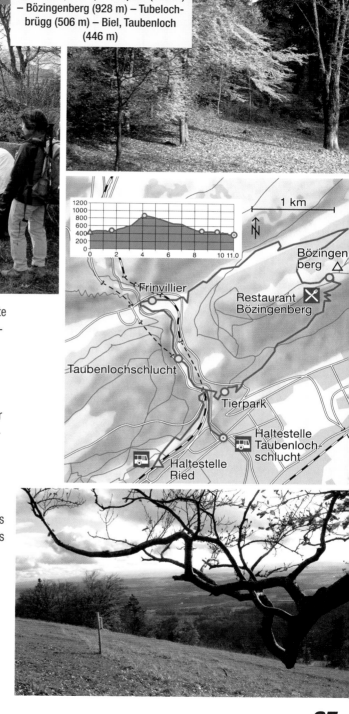

Vor einigen Jahren passierte hier ein tödlicher Unfall wegen Steinschlag, und sie blieb daraufhin für längere Zeit geschlossen. Nach erfolgten Sicherungsarbeiten ist die Schlucht jetzt wieder offen. Der Schluchtweg besteht als Fussweg erst seit 1889. Er wurde seinerzeit vom SAC aus touristischen Gründen initiiert. Für den Unterhalt und die Pflege des Werks wurde damals eigens die Taubenlochgesellschaft gegründet, welche heute immer noch besteht und diese Aufgaben für die Öffentlichkeit übernimmt.

Charakteristik:

Zu einem schönen Aussichtspunkt und in eine wilde Schlucht

Wanderzeit: 3 h 30 min
Länge: 12 km
Höhendifferenz: 320 m bergauf, 360 m bergab

Auf dem Revolutionsweg

Anreise:
Mit der Bahn nach La Chaux-de-Fonds
Jahreszeit:
Frühjahr bis Herbst
Wanderkarte:
1:50 000 Vallon de St-Imier 232T und Le Locle 231T
Schwierigkeit:
anspruchsvoll
Startkaffee:
Confiserie Minerva Bruno Henauer S.A., Avenue Léopold-Robert

66, 2300 La Chaux-de-Fonds (Ruhetag: MO)
Mittagessen:
Café-Restaurant La Ferme Modèle, La Pâture, 2400 Le Locle (Ruhetage: MO und DI)
Rückreise:
Mit der Bahn ab Le Locle
Weitere Infos:
www.neuchateltourisme.ch

Vor mehr als 150 Jahren, im Jahre 1848, eilten Revolutionäre aus Le Locle 30 Kilometer zu Fuss nach Valangin und Neuenburg, um dort die Burg und das Schloss

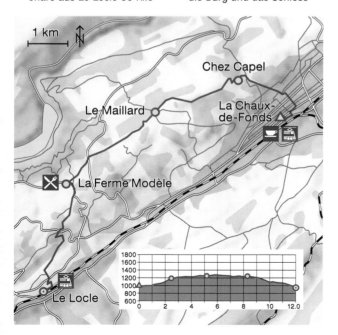

einzunehmen. Damit halfen sie den Neuenburgern, die preussischen Vögte zu vertreiben. Mit der Revolution am 1. März 1848 wurde der Kanton Neuenburg gänzlich Teil der modernen Schweiz und beendete die Verbindungen mit der preussischen Monarchie. Am 30. April 1848 nahm das Volk eine neue Verfassung an, fortan nannte sich Neuenburg «République et Canton de Neuchâtel». Soviel zum geschichtlichen Rückblick (Quelle: Wikipedia).
Wir wandern heute in umgekehrter Richtung, als das die Revolutionäre taten. Es ist das attraktive Teilstück von La Chaux-de-Fonds nach Le Locle. Vom Bahnhof gehen wir zuerst ca. zehn Minuten auf der Hauptstrasse in nordöstlicher Richtung und gelangen in den Wanderweg, der links abzweigt. Wir lesen nun öfters den Namen Corbusier, sei es als Markierung eines Rundwegs oder sei es an Gebäuden, in de-

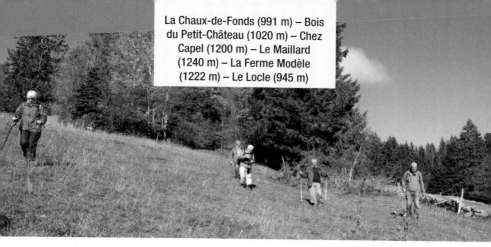

La Chaux-de-Fonds (991 m) – Bois du Petit-Château (1020 m) – Chez Capel (1200 m) – Le Maillard (1240 m) – La Ferme Modèle (1222 m) – Le Locle (945 m)

nen er gewohnt hatte. Corbusier, geboren als Charles-Edouard Jeanneret-Gris, ist einer der bedeutendsten Architekten des 20. Jahrhunderts.

Nach etwa 200 Höhenmetern erreichen wir die typische Juralandschaft mit Trockensteinmauern, freistehenden Tannen und weiten Weiden. In dieser Landschaft macht es immer wieder grosse Freude zu wandern. Und jetzt verläuft der Weg mehr oder weniger bis zum Mittagessen auf gleicher Höhe. Unterwegs finden wir einen schönen Platz für den Apéro, den wir uns um 11.00 Uhr gönnen. In der Ferme Modèle geniessen wir ein Fondue. Im Gespräch mit der Wirtin wird uns auch die Problematik bewusst, die bei vielen Restaurants auf dem Land besteht: Ältere Wirtsleute haben keine Nachkommen, die bereit sind, den Bauernbetrieb mit Restaurant weiterzuführen. So wären wir nicht überrascht, wenn in einigen Jahren auch dieses typische Jura-Restaurant geschlossen wird. Es wäre sehr zu bedauern.

Nach dem Mittagessen wandern wir bergab und sind nach ca. einer Stunde in Le Locle.

Charakteristik:
Etwas anstrengende Auf- und Abstiege, dafür aber längere Strecken über ebene und weite Juraweiden

Wanderzeit: 4 h
Länge: 11,7 km
Höhendifferenz: 120 m bergauf, 120 m bergab

Wandern wie im Bilderbuch

Anreise:
Mit der Bahn via La Chaux-de-Fonds oder Glovelier nach Saignelégier
Jahreszeit:
Mai bis November
Wanderkarte:
1:50 000 Clos du Doubs 222 T
Schwierigkeit:
mittelschwer
Startkaffee:
Hôtel de la Gare, Rue de la

Gruère 4, 2350 Saignelégier
Mittagessen:
Auberge de la Couronne, La Theurre, 2350 Saignelégier – Picknickplätze unterwegs
Rückreise:
Mit der Bahn ab Tramelan nach Biel oder La Chaux-de-Fonds
Weitere Infos:
www.les-cj.ch
www.marcheconcours.ch
www.juravitraux.ch

Mit dem roten Zug der Chemins de fer du Jura, welche das Wandergebiet der Freiberge hervorragend erschliesst, erreichen wir Saignelégier. Bei der Station erkennen wir als Erstes die Wanderwegweiser, die Touren in alle Richtungen anzeigen.

Unser Ziel Tramelan ist mit 3 h 10 min angegeben. Vorbei am Gelände und dem grossen Gebäude des Marché-Concours, gelangen wir auf dem am Anfang noch geteerten Wanderweg in die schöne Juralandschaft. Der Marché-Concours findet alljährlich am zweiten Wo-

chenende im August statt. In der offiziellen Homepage www.marcheconcours.ch wird es als «une fête à vivre» angepriesen. Unsere Wanderung führt durch die typische Freiberger Landschaft. Wir sehen freistehende, gigantische Wettertannen auf grünen Wiesen und Trockenmäuerchen, welche die Grenzen abstecken. Fast klischeehaft sind auch die weidenden Pferde mit ihren Jungtieren. Im Mai sind auch der gelbe Löwenzahn und das weisslich und blassrosafarbene Wiesenschaumkraut in voller Blüte. Etwa auf halber Distanz, in der Nähe des Etang de la Gruère in La Theurre, befindet sich die Auberge de la Couronne. Wir sitzen draussen unter den schattigen Bäumen und lassen uns gern ein gutes Risotto servieren.
Die Extratour um den See lohnt sich, obwohl sich die Wanderung so um rund 45 Minuten verlängert. Der

Saignelégier (982 m) –
La Theurre (1015 m) – Etang de la
Gruère (998 m) – Le Cernil (1003 m)
– Tramelan (888 m)

Lehrpfad wird liebevoll instand gehalten. Man wandert über weichen Moorboden, auf Holzschnitzeln, über Holzstege und auf Naturwegen – ein wirklich schönes Erlebnis. Die sauren Moorböden bilden die Basis für eine einzigartige Pflanzenwelt. Nach diesem kleinen, aber lohnenden Abstecher kehren wir wieder auf den Wanderweg zurück, kommen an einem Haus mit Alpakas vorbei, haben noch eine kleine Steigung und offenes Gelände vor uns, bevor es dann ins bernjurassische Tramelan hinuntergeht. Kurz vor dem Ziel müssen wir etwas schneller gehen, weil ein Gewitter aufzieht. Trockenen Fusses erreichen wir die Station Tramelan, von wo uns die Bahn wieder bequem und sicher nach Biel oder nach La Chaux-de-Fonds bringt. Und wer Zeit hat, schaut sich in der reformierten Kirche von Tramelan die Kirchenfenster von Bodjol an.

Charakteristik:
Genussvolle Wanderung über die jurassischen Freiberge, entlang einem malerischen Moorsee, verbunden mit hervorragendem Essen

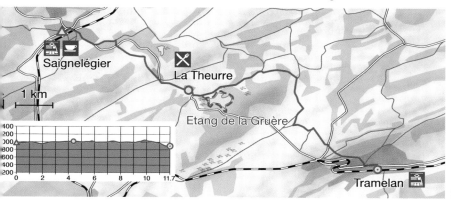

Wanderzeit: 3 h 15 min
Länge: 12,2 km
Höhendifferenz: 100 m bergauf, 600 m bergab

In der Ferne glitzert die Alpenkette

Anreise:
Bahn nach St-Imier und weiter mit dem Bus nach Chasseral, Hôtel (Betriebszeiten beachten)
Jahreszeit:
Ende Mai bis Mitte Oktober (Busverbindungen von St-Imier auf den Chasseral)
Wanderkarte:
1:50 000 Vallon de St-Imier 232T
Schwierigkeit:
mittelschwer / anspruchsvoll
Startkaffee:
Hôtel Chasseral, 2518 Nods

(ganzjährig offen)
Mittagessen:
Métairie du Milieu du Bienne, 2608 Courtelary (Ruhetage: MO–MI) oder Métairie de Prêles, 2534 Les Prés-d'Orvin (Ruhetage: MI, DO)
Rückreise:
Von Les Prés-d'Orvin, Le Grillon, mit dem Bus nach Biel/Bienne und weiter mit der Bahn
Weitere Infos:
www.jurabernois.ch

Als Erstes folgen wir dem breiten Asphaltweg Richtung Sendeturm der Swisscom. Er dominiert den Hügelzug des Chasserals und ist bereits ab Solothurn oder Bern sichtbar. Er ist 114 Meter hoch, wurde 1979 errichtet und 1983 in Betrieb genommen (2010 kürzte man den Turm um sechs Meter). Unmittelbar nach dem Sen-

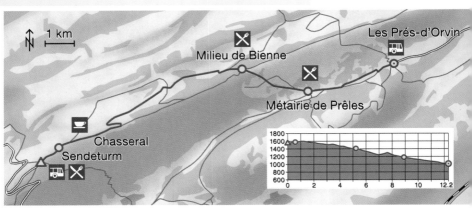

Wegen des nur während der Sommersaison gültigen Fahrplans des Busses von St-Imier auf den Chasseral lässt sich diese Wanderung nur von Juni bis Mitte Oktober unternehmen.
Schon die Busfahrt aus dem

St.-Immer-Tal auf den Chasseral ist ein Erlebnis. Man ist überrascht von den grossen weiten Flächen, die hinter dem Chasseral liegen – vom Mittelland her sieht man ja bloss den Grat mit dem markanten Sendeturm.

deturm ist ein kurzer, etwas ruppiger Abstieg über Kalksteine zu meistern; da der Weg auch von Bikern befahren wird, muten auch wir Wanderer uns demselben zu. Was danach kommt, ist reiner Wandergenuss auf

Hôtel Chasseral (1548 m) – Chasseral (1606 m) – Métairie du Milieu de Bienne (1401 m) – Métairie de Prêles (1134 m) – Les Prés-d'Orvin La Grillon (1014 m)

Natur- und Wiesenwegen. Typische grössere Jurakalkfelsen säumen den Weg. Blickt man gegen Nordwesten, so erkennt man die Windräder des Windkraftparks Mont Crosin. Dort, wo sich das Sonnenlicht auf einer grösseren Fläche reflektiert, steht die grosse Photovoltaikanlage der BKW auf dem Mont Soleil – ein treffender Name.

Die Abzweigungen zu den Métairien kann man fast nicht übersehen. Auf den freien Wiesen sind allerdings keine Markierungen angebracht, was bei Nebel schon einige Vorsicht verlangt.

Von der ersten Bergwirtschaft «Milieu du Bienne» wissen wir, dass es dort sehr gute Rösti geben soll. Wir freuen uns also bereits auf dem Weg dorthin. Dann die Überraschung: «Heute Ruhetag». Die Lösung war dann einfach und überraschend. Die Bäuerin und Wirtin sah uns enttäuscht vor der Türe stehen und zeigte Erbarmen. Sie öffnete ausnahmsweise die Türe, und so konnten wir ihre Hausspezialität mit Schinken draussen auf der Terrasse geniessen – am Ruhetag.

Den Abschluss mit einem Dessert verschoben wir in die folgende «Métairie de Prêles». Die Abfahrtszeiten des öffentlichen Verkehrs sind so angepasst, dass man in Les Prés-d'Orvin auch mit ausgedehnten Halten in den Métairies den letzten Bus problemlos erreicht.

Übrigens: Das Hotel auf dem Chasseral ist ganzjährig offen. Dorthin lassen sich viele Winterwanderungen kombinieren.

Charakteristik:
Genussvolle Wanderung über schöne Juraweiden und an mehreren Métairies/Bergwirtschaften vorbei

NORDWESTSCHWEIZ

Riehen

Basel

Oberwil
Münchenstein
Muttenz
Augst
Rhein
Möhlin
Laufenburg

Rheinfelden
Magden
Eiken
Kaisten

Reinach
Arlesheim
Pratteln
Frick

Therwil
Dornach
Wintersingen
Wittnau

Rodersdorf
Liestal
Ormalingen

Mariastein
Ettingen
Seewen
Sissach
Anwil

Pfeffingen
Aesch
Gelterkinden
Kienberg

80 Zwingen
Bubendorf
78 Rünenberg

Birs

Laufen
N
Hölstein
Diegten

Breitenbach
Reigoldswil
Läufelfingen

Nunningen
Oberdorf

Erschwil
76 Waldenburg

Langenbruck

73

Wanderzeit: 4 h
Länge: 12,5 km
Höhendifferenz: 440 m bergauf, 380 m bergab

Im Kirschblütenland

Anreise:
Mit der Bahn nach Kaiseraugst
Jahreszeit:
ganzjährig
Wanderkarte:
1:50 000 Liestal 214T
Schwierigkeit:
mittelschwer
Startkaffee:
Restaurant Liebrüti, Liebrüti-
strasse 39, 4303 Kaiseraugst/
AG (Ruhetag: SO)
Mittagessen:
Picknick oder Turmwirtschaft

beim Aussichtsturm (offen nur
an Sonn- und Feiertagen), bzw.
mehrere Restaurants am
Schluss in Liestal
Rückreise:
Mit der Bahn ab Liestal Richtung
Basel oder Olten
Weitere Infos:
www.kaiseraugst.ch
www.liestal.ch

Mit dem Namen Kaiseraugst
verbinde ich spontan die rö-
mische Siedlung Augusta
Raurica und den Streit um
ein einst dort geplantes
Kernkraftwerk. Vom ersteren
hat es in Kaiseraugst noch
sehr viele Zeugen in Form
von Ruinen und Ausgra-
bungsgegenständen. Die
Besichtigung der spektaku-
lären römischen Anlagen
(Museum) verschiebe ich
auf ein andermal, da das
mindestens einen halben
Tag beanspruchen würde.
Ich folge also einem der vielen Wegweiser vor dem
Bahnhof Kaiseraugst Rich-

tung Liebrüti und erreiche
bald den Tierpark. Die Autobahn A3 überquere ich,
wandere ein kurzes Stück

parallel zu dieser in Richtung Osten und biege dann
rechts in den Wald. Vor Giebenach unterquere ich diesmal die Autobahn A2 und
komme aus dem Aargau ins
Baselbiet. Dann – ich bin
fast darauf getreten – sehe
ich etwas Gelbschwarzes
mitten auf der Strasse. Beim
Näherschauen ist es ein
wunderbarer Feuersalaman-
der, der hier offenbar die
Wärme der Frühlingssonne
geniesst.
Ich kann mich nun nicht
mehr verlaufen. Die Weg-

Fotos: Fritz Hegi, Robert Sieber

74

Kaiseraugst (274 m) – Eichlihag (370 m) – Giebenach (322 m) – Aussichtsturm auf dem Schleifenberg (606 m) – Liestal (327 m)

Rhein

Kaiseraugst

Giebenach

ratteln

Füllinsdorf   Arisdorf

1 km

Liestal

Aussichts-
turm

weiser sind mit «Liestal» gut bezeichnet. Das Buchenlaub ist erst vor ein paar Tagen hervorgesprossen und hat diese erfrischende hellgrüne Farbe. Einverstanden, eigentlich sind Panzersperren keine Augenweide, diese hier sind aber so überwachsen und von der Natur in Beschlag genommen, dass

sie heute vermutlich eine wichtige Funktion für die Fauna übernommen haben. Vom Aussichtsturm oberhalb von Liestal, der eine Höhe von 30 m aufweist, hat man eine fantastische Rundsicht. Am Fuss des Aussichtsturms wurde ein riesiger Picknickplatz und eine Turmwirtschaft, welche aber nur an

Sonn- und Feiertagen geöffnet hat, eingerichtet. Die Wanderung ist im April, in der Zeit der blühenden Kirschbäume, besonders zu empfehlen.

Charakteristik:
Längere Wanderung, mittlere bis starke Anstiege, schöne Rundsicht

Wanderzeit: 3 h 30 min
Länge: 9,7 km
Höhendifferenz: 400 m bergauf, 400 m bergab

Auf dem «Roten Faden»

Anreise:
Mit dem Bus von Liestal nach Reigoldswil, Fussmarsch bis zur Talstation und mit der Luftseilbahn nach Wasserfallen (Nov. bis April am MO geschlossen)
Jahreszeit:
April bis November
Wanderkarte:
1:50 000 Delémont 223T
Schwierigkeit:
mittelschwer
Startkaffee:

Bergrestaurant Hintere Wasserfallen, 4418 Reigoldswil (Ruhetag MO)
Mittagessen:
Bergrestaurant Obere Wechten, 4717 Mümliswil (Ruhetage: MO, DI ausser an Feiertagen)
Rückreise:
Von Wasserfallen mit Lufteilbahn nach Reigoldswil und von dort mit dem Bus nach Liestal
Weitere Infos:
www.wasserfallenbahn.ch

«Moskau hat den Roten Platz, die Wasserfallen den Roten Faden.» Diesen stolzen Vergleich liest man auf einer Infotafel ausserhalb der Bergstation der Luftseilbahn Wasserfallen. Der «Rote Faden» ist ein Kunstpro-

jekt der Gelterkinder Künstlerin Ursula Pfister, mit dem allen Landpaten, die den Bau der neuen Luftseilbahn mit dem symbolischen Kauf eines Stücks Land unterstützt hatten, gedankt wird. «Roter Faden» macht aber

zudem einen Teil des Projekts «Jura 2010» sichtbar und wirft verschiedene Fragen auf. Näheres unter www.wasserfallenbahn.ch Es ist ein wunderschöner Maientag, als wir zu viert zu dieser Rundwanderung aufbrechen. Die neue Seilbahn bringt uns in wenigen Minuten von Reigoldswil auf die Wasserfallen. Vor dem Bergrestaurant Hintere Wasserfallen spazieren wir ein kurzes Stück auf dem roten Asphalt des Kunstprojektes «Roter Faden». Nach dem Restaurant und dem Startkaffee kommt der anstrengendste Teil der Wanderung. Es geht ca. 200 m durch schönen Jurawald und auf breiten Wegen bergan bis auf den Passwang – es bietet sich uns eine herrliche Rundsicht bei einer kleinen Zwischenverpflegung. Nach Norden sehen wir bis zum Schwarzwald und nach Süden über schroffe Felswände bis in die Alpen. Jürg packt die beliebten Äpfel

Fotos: Fritz Hegi

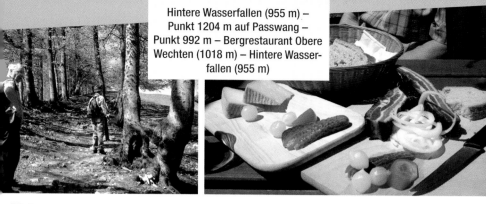

Hintere Wasserfallen (955 m) –
Punkt 1204 m auf Passwang –
Punkt 992 m – Bergrestaurant Obere
Wechten (1018 m) – Hintere Wasser-
fallen (955 m)

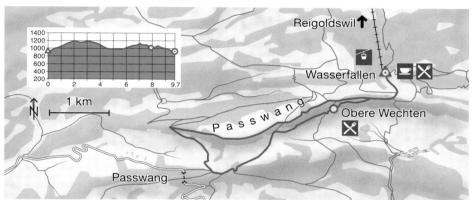

aus seinem Obstgarten aus und zerschneidet sie mundgerecht. Wir wandern auf dem Grat des Passwangs bis zum Punkt 992 und erreichen dann über Passwanghöhe und Oberer Passwang das Bergrestaurant Obere Wechten (früher unter dem Namen «Naturfreundehaus» bekannt). Auf der riesigen Sonnenterrasse geniessen wir ein Speck- und Käseplättli. Der Weg zurück zur Wasserfallen führt unter gewaltigen Felsen durch und ist wildromantisch. Schliesslich erreichen wir wieder

den «Roten Faden» und sind zurück am Ausgangspunkt unserer erlebnisreichen Tour angelangt.

Charakteristik:
Schöne Rundwanderung im basellandschaftlichen Jura

Wanderzeit: 3 h 45 min
Länge: 12,7 km
Höhendifferenz: 500 m bergauf, 320 m bergab

Entlang einem Stück Eisenbahngeschichte

Anreise:
Mit der Bahn nach Sissach
Jahreszeit:
Frühjahr bis Herbst
Wanderkarte:
1:50 000 Liestal 214T und
Olten 224T
Schwierigkeit:
anspruchsvoll
Startkaffee:
Restaurant Wystube Tschudy,
Bahnhofstrasse 17, 4450
Sissach (täglich geöffnet)

Mittagessen:
Restaurant Bürgin, Unterdorf-
strasse 12, 4443 Wittinsburg
(Ruhetag: MO);
Restaurant Bahnhof, Bahnhof-
strasse 11, 4448 Läufelfingen
(Ruhetag: SO)
Rückreise:
Mit der Bahn ab Läufelfingen
nach Olten oder Sissach
Weitere Infos:
www.erlebnisraum-tafeljura.ch

Was viele nicht wissen:
Durch das Homburgertal
(Sissach–Läufelfingen) führte die erste Eisenbahnver-
bindung von Basel nach Olten und weiter bis ins Tessin. Durch den Bau des
Hauenstein-Scheiteltunnels
1857/58 kamen zahlreiche
ausländische Ingenieure und
Arbeiter ins Tal. Ein grosses
Unglück in einem Tunnel-

schacht forderte 63 Todes-
opfer. Dennoch fuhr am 1.
Mai 1858 der erste bekränz-
te Zug durch den Tunnel
nach Olten.
Unsere Wanderung führt
aber nicht durch das Tal,
sondern rechts davon, weit

Sissach (376 m) – Obergisiberg
(630 m) – Wittinsburg (573 m) –
Känerkinden (554 m) – Hasengatter
(735 m) – Läufelfingen (558 m)

oberhalb auf eine herrlich liegende Hochebene. Wir starten im Bahnhof Sissach, nehmen bei der Unterführung den südlichen Ausgang und wandern am Hof Wölflistein vorbei auf das Hochplateau hinauf, wo es vorerst im Wald zügig vorangeht. Beim oberen Gisiberg kommen wir aus dem Wald. Vor uns liegen zwei Dörfer, Wittinsburg und Känerkinden, traumhaft schön auf der weiten Hochebene, auf dem Hügelzug zwischen dem Homburger- und dem Diegtertal in Richtung Süden. Im Frühjahr ist diese Tour besonders reizvoll, weil die für das Baselland berühmten Kirschbäume in voller Blüte sind. In Wittinsburg bietet sich das Restaurant Bürgin für den Mittags-

halt an. Nach Känerkinden gilt es, noch einen kleinen Aufstieg bis zum Hasengitter zu überwinden. Von dort geht es abwärts und auch ein bisschen in die Knie. Wir erreichen die Station Läufelfingen, die sich unmittelbar

beim Eingang des Hauensteintunnels befindet.

Charakteristik:
Wanderung über ein schönes, weites Hochplateau

Wanderzeit: 3 h 45 min
Länge: 12,6 km
Höhendifferenz: 400 m bergauf, 430 m bergab

Zum Wallfahrtsort Mariastein

Anreise:
Mit dem Tram Nr. 10 ab Basel
(Richtung Rodersdorf) bis Flüh
Jahreszeit:
Frühjahr bis Herbst
Wanderkarte:
1:50 000 Basel 213T und Delé-
mont 223T
Schwierigkeit:
anspruchsvoll
Startkaffee:
Restaurant zur Rose, Steinrain 4,

4112 Flüh (Ruhetage: DI + MI)
Mittagessen:
Restaurant Bergmattenhof, Fa-
milie Meury, 4243 Dittingen (Ru-
hetage: DI + MI)
Rückreise:
Mit der Bahn ab Laufen nach
Basel oder Delémont
Weitere Infos:
www.vvsl.ch (Schwarzbuben-
land)

am Grenzstein aufgehängt
war. Uns fasziniert diese An-
nahme und wir spinnen die
Geschichte kriminalistisch
weiter, kommen schliesslich
aber doch zum Schluss,
dass der Besitzer die Jacke
wahrscheinlich nach einem
fröhlichen Fest auf dem
Grillplatz vergessen hatte.
Ob wir vielleicht zu viele
Fernsehkrimis konsumie-
ren?

«Hat sich da ein Verbrechen
abgespielt?», mutmasst einer in der Gruppe, als er auf

dem Metzerlenchrüz eine
schöne, aber tropfnasse
Wildlederjacke entdeckt, die

Wir beginnen die Tour in der
solothurnischen Exklave
Flüh und wollen ins basel-
landschaftliche Laufen wandern. Laufen gehörte bis vor
nicht allzu langer Zeit zum
Kanton Bern, entschied sich
aber nach der Gründung des
Kantons Jura für eine neue
Heimat im Kanton Baselland.
Nach einem kurzen Aufstieg
durch einen Wald erreichen
wir die Hochebene mit Mariastein. Schon von weitem
sieht man die Häusergruppe
mit dem Kloster. Mariastein
ist nach Einsiedeln der
zweitwichtigste Wallfahrtsort
der Schweiz. Gegründet

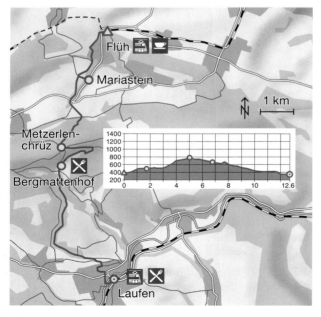

Flüh (379 m) – Mariastein (512 m) – Steiherrenberg (745 m) – Metzerlenchrüz (788 m) – Bergmattenhof (635 m) – Laufen Bahnhof (355 m)

wurde das Kloster im Jahr 1100 in Beinwil, verlegt im Jahr 1648 nach Mariastein. Bereits 1792 und dann wieder 1874 wurde das Kloster säkularisiert und 1971 als Abtei offiziell eingerichtet. Das Innere der Kirche muss man unbedingt anschauen. Auch die Gnadenkapelle ist einen Besuch wert, um kurz innezuhalten. Wir verlassen Mariastein auf der Fahr-

strasse in südlicher Richtung. Rechts neben uns liegt die Burg Rotberg, die 1934 in eine Jugendherberge umgewandelt wurde. Nun beginnt ein etwas steiler Anstieg auf den Blauenkamm, und wir sind bald auf dem Metzerlenchrüz, unserem höchsten Punkt. Für den Abstieg zum Restaurant Bergmattenhof stehen zwei Wege zur Verfügung. Bei Nässe

empfiehlt sich der etwas längere Weg, das «Leitungswägli», unter der Hochspannungsleitung.
Nach dem Mittagessen fehlt uns nur noch gut eine Stunde bis Laufen.

Charakteristik:
Etwas anspruchsvollere Wanderung über einen Jurakamm

ZÜRICH UND SCHAFFHAUSEN

tz Hegi – Kartographie: Edition Lan AG

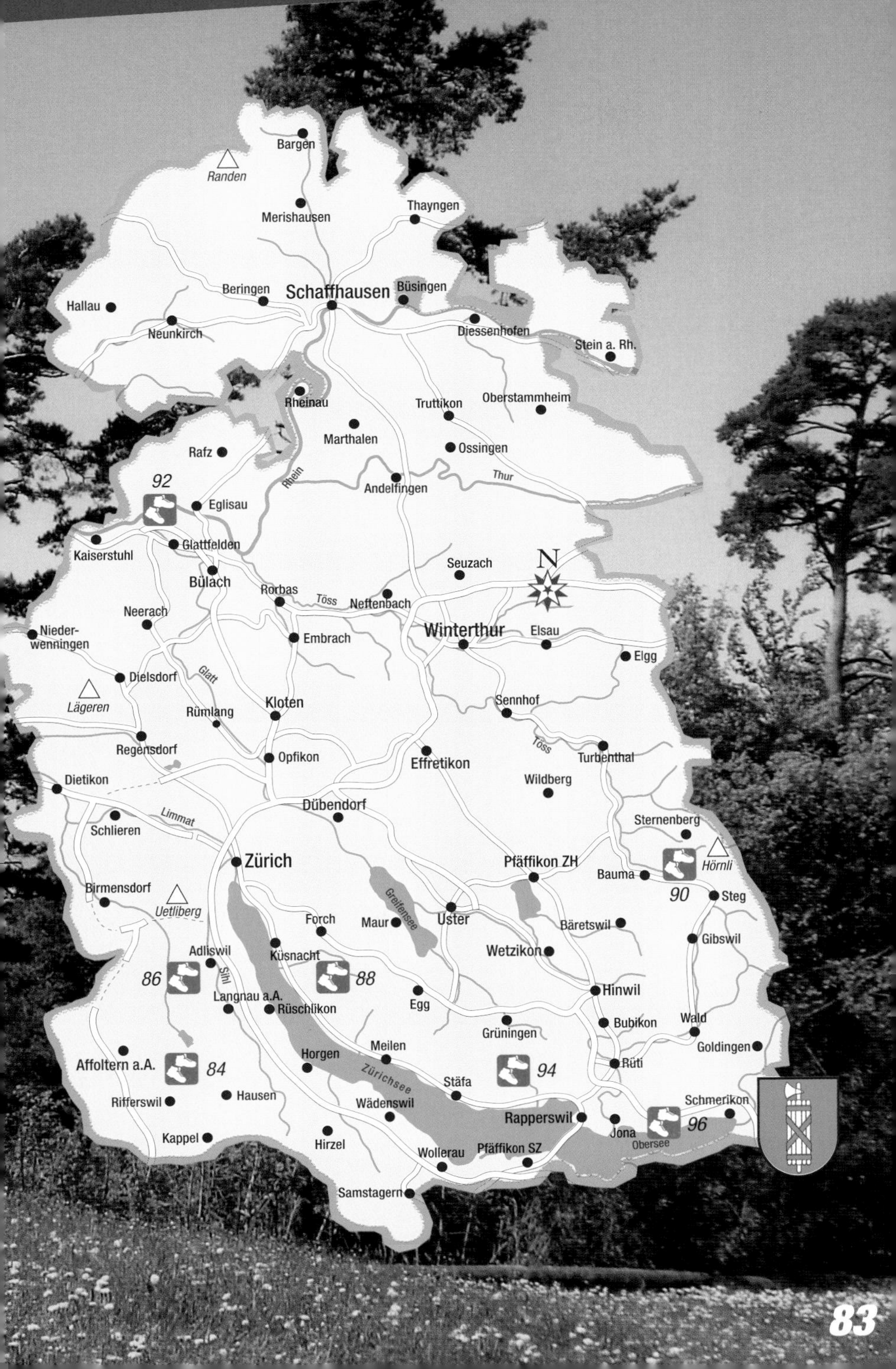

Wanderzeit: 4 h
Länge: 14 km
Höhendifferenz: 300 m bergauf, 300 m bergab

Artenreiches Naturschutzgebiet

Anreise:
Mit der Bahn nach Mettmen-
stetten
Jahreszeit:
Ende März bis Anfang Oktober
Wanderkarte:
1:50 000 Zürich 225T
Schwierigkeit:
mittelschwer / anspruchsvoll
Startkaffee:
Kafi-Restaurant Mättmi, Bahn-
hofstrasse 17, 8932 Mettmen-
stetten/ZH (Ruhetage: SA + SO)

Mittagessen:
Campingplatz, Restaurant und
Kiosk Türlersee (Winterpause von
Anfang Oktober bis Ende März)
oder Restaurant Erpel am Türler-
see, 8915 Hausen am Albis (Ru-
hetage: MI Jan. bis Mai und Sept.
bis Dez.; SO von Juni bis Aug.)
Rückreise:
Mit der Bahn ab Mettmenstetten
Weitere Infos:
www.tuerlersee.ch

nahe dem Eingang friedlich
unsere mitgebrachten Knab-
bereien. Wir konnten uns
nicht vorstellen, dass diese
friedliche Idylle jemals ge-
stört würde. Die Landschaft
am Türlersee ist ein vielfälti-
ges Natur- und Landschafts-
schutzgebiet mit Naturufern,
artenreichen Flach- und
Hangmooren sowie Trocken-
wiesen.

Fast genau ein Jahr, nachdem ich diese Rundwande-
rung unternommen hatte,
las ich die folgende Mel-
dung, welche mich erschüt-
terte: «Ein Feuer und explo-
dierende Gasflaschen haben
auf dem Campingplatz am
Türlersee im Zürcher Säuli-
amt 16 Verletzte gefordert;
17 Wohnwagen brannten
aus. Die Löscharbeiten waren gefährlich, denn weitere
Explosionen waren zu be-
fürchten. Teile von Gasflaschen wurden über 100 Me-
ter weit geschleudert.»
Diese Nachricht passte so
gar nicht zum Bild, das wir
von unserer Wanderung vom

Türlersee mitnahmen. Nachdem wir festgestellt hatten,
dass das Restaurant erst
einen Tag später für die
Sommersaison öffnen wird,
assen wir auf dem Bänkli

Von Mettmenstetten im Knonaueramt steigen wir knapp
200 Meter in nordöstlicher
Richtung auf und erreichen
das Paradis. Dieser Name
ist Programm. Man geniesst

Mettmenstetten (461 m) – Paradis (610 m) – Wängi (603 m) – Aeugst am Albis (696 m) – Türlen (657 m) – Vollenweid (651 m) – Unter Rifferswil (570 m) – Mettmenstetten (461 m)

von hier oben eine fantastische Sicht bis weit in die Bergwelt der Innerschweiz. Das ehemalige Kurhaus beherbergt seit längerer Zeit ein Kinderheim.

Der Weg führt eine kurze Zeit durch schönen Wald und senkt sich dann gegen ein Tobel, wo der Bach Jonen überschritten werden kann. Bald sind wir am Türlersee und wandern dem schönen Ufer entlang. Der Rückweg nach Mettmen-

stetten geht über ein weites Feld bei Unter-Rifferswil und Gerensteg vorbei.

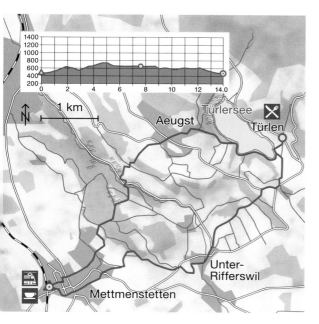

Charakteristik:
Wanderung zu einem idyllischen See

Wanderzeit: 3 h
Länge: 10,5 km
Höhendifferenz: 250 m bergauf, 300 m bergab

Auf dem Zürcher Hausberg

Anreise:
Mit der Bahn (SZU) ab Zürich HB
auf den Uetliberg
Jahreszeit:
ganzjährig
Wanderkarte:
1:50 000 Zürich 225T
Schwierigkeit:
leicht / mittelschwer
Startkaffee:
Restaurant Gmüetliberg, Grat-
strasse, 8143 Uetliberg/ZH
Mittagessen:
Restaurant Buchenegg, 8143

Stallikon (Ruhetag: DI – Betriebs-
zeiten beachten)
Weitere Restaurants:
Panoramarestaurant Felsenegg,
Felsenegg 1, 8143 Felsenegg
(täglich geöffnet ab 11h00, SO ab
10h00), Restaurant Albis, Birr-
waldstrasse 1, 8135 Langnau am
Albis (Ruhetag: MO)
Rückreise:
Mit Bus ab Albispasshöhe
Weitere Infos:
www.szu.ch

Zwei Höhepunkte prägen
diese Genusswanderung –
einerseits der wunderbare
Apéroplatz bei der Felsenegg und andererseits die
Restaurantterrasse der Buchenegg. Es sind Augenbli-
cke, die man nie vergisst
und das Wanderleben so
schön machen. Davor, da-
zwischen und danach sind
wir selbstverständlich gut
drei Stunden gewandert –

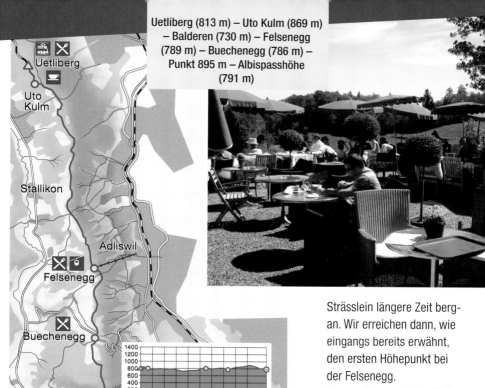

Uetliberg (813 m) – Uto Kulm (869 m) – Balderen (730 m) – Felsenegg (789 m) – Buechenegg (786 m) – Punkt 895 m – Albispasshöhe (791 m)

reines Vergnügen auch das. Begonnen haben wir unseren Ausflug an der Endstation der Uetlibergbahn. Es soll Zürcher geben, die waren noch nie auf dem Zürcher Hausberg. Schade. Von hier oben hat man nämlich eine fantastische Sicht auf die Stadt und den See sowie bis hin zum Alpenpanorama. Uetliberg, das sind 360 Grad pur!

Wir wandern praktisch alles auf breiten Naturstrassen dem Grat entlang. In leich-

tem Auf und Ab erreichen wir die tiefste Einsattelung im Albisgrat, die Balderen. Das Gasthaus ist schon seit einigen Jahren geschlossen. Im Gartenrestaurant stehen nur noch die Betonresten der Stühle und Tische. Es sieht wie auf einem Friedhof aus. Die Balderen war bis zur Eröffnung der Eisenbahnlinie Zürich–Zug im Jahre 1864 die kürzeste und schnellste Verbindung vom Knonaueramt nach Zürich. Von Balderen steigt das

Strässlein längere Zeit bergan. Wir erreichen dann, wie eingangs bereits erwähnt, den ersten Höhepunkt bei der Felsenegg.

Hier geniessen wir im Halbschatten einen feinen Tropfen Heida Melody. Bis zum Mittagessen im Restaurant Buchenegg ist es nicht mehr weit.

Nach dem Mittagessen gehts wieder leicht bergauf, der Weg Richtung Albispass führt nun längere Zeit durch schöne Tannenwälder bis zum Turm des Flugwetterdienstes auf 886 Meter und nachher abwärts zum Pass auf 791 Meter.

Charakteristik:
Genusswanderung ohne nennenswerte Steigungen mit toller Aussicht

Wanderzeit: 3 h
Länge: 11,1 km
Höhendifferenz: 220 m bergauf, 470 m bergab

Beste Aussichten

Anreise:
Mit der Forchbahn ab Zürich Stadelhofen bis nach Forch
Jahreszeit:
ganzjährig
Wanderkarte:
1:50 000 Rapperswil 226T
Schwierigkeit:
mittelschwer
Startkaffee:
Gasthof Krone, General Guisan-Strasse, 8127 Forch (Ruhetage:

MO + DI, werktags offen ab 9h00, SA und SO ab 10h00)
Mittagessen:
Restaurant Hochwacht, 8132 Egg/ZH (täglich geöffnet), Restaurant Vorderer Pfannenstiel , Herrenweg 380, 8706 Meilen (täglich geöffnet)
Rückreise:
Mit der Bahn ab Männedorf
Weitere Infos:
www.zuerioberland-tourismus.ch

verkehrsmässig fast vor der Haustüre. Mit dem Intercity und der Forchbahn sind wir in knapp 1 h 45 min von

Wenn Berner eine Wanderung planen, steht bei ihnen diese Gegend östlich des Zürichsees gedanklich nicht gerade im Vordergrund. Dabei liegt der Pfannenstiel

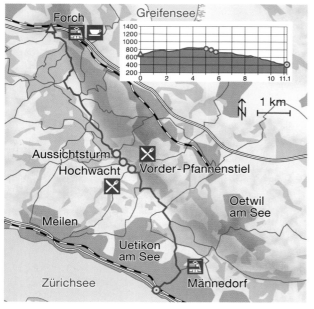

Bern in der Forch. Wir verlassen die Bahnstation Forch und genehmigen uns zuerst das Startkaffee. Wir folgen den Wegweisern «Pfannenstiel». Links unten sehen wir den Greifensee in seiner ganzen Grösse. Bald gelangen wir in einen Wald, den wir auf guten Wegen durchqueren. Bevor wir auf der Guldener Höchi, einer hüb-

Forch (680 m) – Vorder-Guldenen
(779 m) – Pfannenstiel
(853 m) – Hochwacht (799 m) –
Vorder-Pfannenstiel (727 m) –
Männedorf (419 m)

schen Waldlichtung, sind, passieren wir Hinter- und Vorder-Guldenen. Bei Vorder-Guldenen entdecken wir einen grossen Bio-Bauernbetrieb. Die Wanderung geht Richtung Pfannenstiel–Hochwacht weiter. Auf der Hochwacht steht ein Aussichtsturm, von dem es eine kleine Geschichte zu erzählen gibt: Der als Stahlfachwerkturm ausgeführte Pfannenstielturm wurde 1893 auf dem Bachtel errichtet und 1979 unter Denkmal-

schutz gestellt. Da er als Antennenträger nicht ausreichend stabil war, wurde er 1985 von der PTT abgebaut und seine Teile eingelagert. 1992 baute man ihn auf dem Pfannenstiel wieder neu auf. Die Aussicht vom Turm ist in alle Richtungen phänomenal; die Rösti mit Spiegelei auf der Terrasse des Restaurants Hochwacht ebenfalls! Das Dessert sparen wir uns bis zum Restaurant Vorderer Pfannenstiel auf. Dort geniessen wir im

Schatten von Sonnenschirmen ein Dessert der gehobenen Klasse. Bis zur Bahnstation Männedorf hat man nie den Eindruck, dass man sich an einem der dichtest bebauten Hänge der Goldküste befindet. Man wandert durch die Natur eines romantischen Tobels hindurch und ist plötzlich an der Bahnstation.

Charakteristik:

Wanderung zu einem schönen 360-Grad-Aussichtspunkt

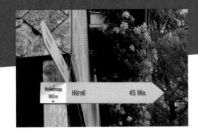

Wanderzeit: 4 h 15 min
Länge: 13 km
Höhendifferenz: 500 m bergauf, 500 m bergab

Das Hörnli im Mittelpunkt

Anreise:
Mit der Bahn via Rüti bzw. Winterthur nach Bauma – oder mit der Bahn nach Wetzikon ZH und mit dem Bus nach Bauma
Jahreszeit:
Frühjahr bis Herbst
Wanderkarte:
1:50 000 Rapperswil 226T
Schwierigkeit:
anspruchsvoll
Startkaffee:
Restaurant Bahnhof, Bahnhof-

strasse 11, 8494 Bauma ZH (Ruhetag: DO)
Mittagessen:
Berggasthaus Hörnli, 8496 Steg (täglich geöffnet, September bis April ab 18.00 Uhr geschlossen)
Rückreise:
Mit der Bahn ab Bauma nach Rüti bzw. Winterthur – oder mit dem Bus nach Wetzikon ZH und von dort weiter mit der Bahn
Weitere Infos:
www.zuerioberland-tourismus.ch

m) geht's entlang der Bahnlinie nach Tüfenbach und dann hinauf am bewaldeten Kamm nach Heiletsegg (910 m). Über das Chlihörnli erreichen wir das Hörnli Kulm (1133 m) mit PTT-Mast und Berggasthaus. Nach wohlverdienter Rast gelangen wir hinunter nach Gfell (903 m) und via Tüfebach retour nach Bauma.»
Bis zum Berggasthaus folgte ich genau dem beschriebenen Weg. Die Bahnlinie ist rechts und die nach einem heissen Sommer total ausgetrocknete Töss auf der linken Seite. Von Tüfenbach bis Heiletsegg gilt es mal die ersten fast 300 Meter zu überwinden. Bis zum Hörnli sind es nochmals knappe 200 Meter oder 45 Minuten. Es ist Herbst, und die Buchenbäume sind wunderbar farbig. Das Hochsteigen fällt auch deshalb sehr leicht, weil ich mich an der Natur und der Aussicht erfreue. Nach dem Mittagessen im Berggasthaus habe ich noch

Auf der Homepage www. berggasthaus-hoernli.ch findet man eine grosse Anzahl von Routenvorschlägen des Wandergebiets rund um das

Zürcher Hörnli. Ich wählte die Route Bauma – Heiletsegg – Hörnli – Gfell – Bauma. So wird der Weg beschrieben: «Von Bauma (640

Foto: Fritz Hool

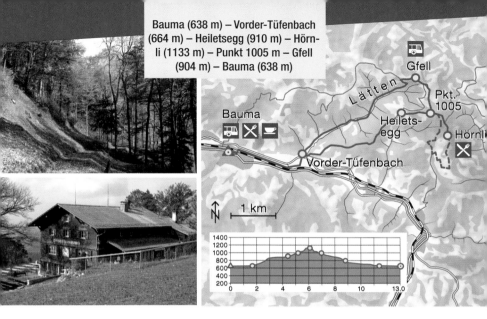

Bauma (638 m) – Vorder-Tüfenbach (664 m) – Heiletsegg (910 m) – Hörnli (1133 m) – Punkt 1005 m – Gfell (904 m) – Bauma (638 m)

Lust auf eine Zusatzschlaufe nach Süden, statt auf dem gleichen Weg direkt Richtung Gfell zum Punkt 1005 zurückzulaufen. Der Weg via Tanzplatz, Silberbüel führt mich ebenfalls nach Gfell. Dieser Zusatz verlängert die Wanderung um ca. dreiviertel Stunde. Von Gfell führt der Wanderweg durch eine romantische Schlucht bis nach Tüfenbach auf die Talsohle zurück. Zwischen Töss und Bahn, diesmal die Bahn links, erreicht man nach 30 Minuten die Bahnstation Bauma.

Charakteristik:
Wanderung mit mittleren bis starken Auf- und Abstiegen

91

Wanderzeit: 3 h
Länge: 9,2 km
Höhendifferenz: 120 m bergauf, 90 m bergab

Deutschland oder die Schweiz?

Anreise:
Mit der Bahn nach Kaiser-
stuhl/AG
Jahreszeit:
ganzjährig
Wanderkarte:
1:50 000 Baden 215T
Schwierigkeit:
leicht
Startkaffee:
Hotel Restaurant Kreuz, Bahnhofplatz 64, 5466 Kaiser-
stuhl/AG (Ruhetag: MO)

Mittagessen:
Restaurant Nachtwächter, Unter-
gasse 2, 8193 Eglisau (täglich
geöffnet) – oder in sonst einem
der vielen Restaurants in Eglisau
Rückreise:
Mit der Bahn ab Eglisau
Weitere Infos:
www.eglisau.ch

Für die Wanderung ab dem Städtchen Kaiserstuhl hat man die Wahl zwischen zwei Ländern. Entweder man nimmt die linke Uferseite in der Schweiz oder wechselt auf die rechte Seite nach Deutschland. Beide Wege führen nach Eglisau. Auf der Schweizer Seite wandert man auf dem Gottfried-Keller-Dichterweg, der von der S-Bahnstation Glattfelden über Zweidlen und dem Rhein entlang nach Kaiserstuhl führt und rheinabwärts beim früheren Schloss Schwarzwasserstelz endet. Diesem Schloss hat der Dichter ein unvergängliches Denkmal in der Zürcher Novelle „Hadlaub" gesetzt, von der man auf einer Tafel am Beginn des Weges einen Textauszug findet.

Die Etappe Kaiserstuhl nach Eglisau war die kürzeste der Rheinwanderung von Basel nach Schaffhausen, welche

Kaiserstuhl AG (368 m) – Griesgraben (337 m) – Rheinsfelden (356 m) – Eglisau (355 m) – Eglisau Bahnhof (389 m)

ich im November vor einigen Jahren unternahm. Die andern Etappen waren jeweils zwischen 5 h und 7 h lang. Ich unterteilte dazu die gesamte Strecke (ca. 130 km) in total 6 Etappen. Kaiserstuhl ist mit dem öffentlichen Verkehr gut erreichbar. Es ist trüb und leicht regnerisch. Ideales Wetter also für diese Wanderung. Da der Rhein zwischen Basel und Schaffhausen meistens die Grenze markiert, war das Ufer im Zweiten Weltkrieg sehr stark befestigt. Die noch vorhandenen Bunker sind aus stabilem Beton und verfallen wahrscheinlich erst in einigen hundert Jahren. Zur Energiegewinnung wird das Wasser des Rheins eini-

ge Male gestaut. Ich passiere das Elektrizitätswerk Eglisau. Der Rhein präsentiert sich hier wie ein See. Viele Schwäne und Enten tummeln sich auf dem Wasser. Vor Eglisau wandere ich unter der Eisenbahnbrücke der Strecke Bülach–Schaffhausen durch. Die 457 Meter lange Brücke wurde von 1895 bis 1897 erstellt. 1982 wurde sie grundlegend sa-

niert. Der Bahnhof von Eglisau liegt etwas ausserhalb des Ortes. Ich könnte hier den Zug nehmen. Da ich aber hungrig bin und die Altstadt von Eglisau besichtigen möchte, eilt es mir nicht. Im «Nachtwächter» bekomme ich sogar noch etwas Warmes.

Charakteristik:
Wanderung an stillen und fliessenden Wassern

93

Wanderzeit: 3 h 15 min
Länge: 11,1 km
Höhendifferenz: 100 m bergauf, 300 m bergab

Feriengefühle am Zürichsee

Anreise:
Mit der Bahn nach Stäfa und weiter mit dem Bus Richtung Oetwil bis Stäfa, Mühlehölzli
Jahreszeit:
ganzjährig
Wanderkarte:
1:50 000 Rapperswil 226T
Schwierigkeit:
mittelschwer
Startkaffee:
Verena Café-Conditorei, Bahnhofstrasse 22, 8712 Stäfa/ZH

(Ruhetag: SO)
Mittagessen:
Restaurant Rosenburg, Landstrasse 31, 8633 Wolfhausen
(Ruhetage: SA + SO)
Cafe Balm, Balmstrasse 50, 8645 Jona (Ruhetage: SA ganzer Tag und SO Vormittag)
Rückreise:
Mit der Bahn ab Rapperswil
Weitere Infos:
www.zuercher-wanderwege.ch

Der Wanderweg ist auf den ersten paar hundert Metern noch ziemlich vereist. Mit der nötigen Vorsicht ist dies aber kein Problem. Wir befinden uns auf einem Teilstück des 2005 eingeweihten «Panoramawegs von Zü-

Es ist ein schöner Tag Ende Februar, als wir diese Wanderung zu dritt unternehmen. In Stäfa herrschen frühlingshafte Bedingungen. Wir nehmen den Bus Richtung Oetwil, um den Aufstieg zu umgehen. Vom Mühlehölzli (Passhöhe zwischen Stäfa und Oetwil) zweigen wir rechts in den Wald ab. Da die erste Überraschung:

rich Rehalp nach Feldbach». Nach ca. 30 Minuten treten wir in einer Rechtskurve aus dem Wald. Gleich erreichen wir offenes Gelände, wo wir das traumhafte Berg- und Seepanorama erblicken. Der idyllisch gelegene Lützelsee ist noch mit einer Eisschicht bedeckt. Bei Lutikon umgehen wir den See auf der etwas längeren Strecke des Wanderwegs, der links abzweigt. Uns Berner beeindrucken hier die wunderschönen Riegelhäuser, welche typisch für diese Gegend sind. Wir könnten uns vorstellen, dass diese Wanderung im Frühjahr mit

Stäfa, Mühlehölzli (599 m) –
Buechstutz (574 m) – Lutikon
(521 m) – Lützelsee (519 m) –
Wolfhausen Landstrasse (507 m)
– Schwösterrain (517 m) –
Rapperswil (415 m)

den blühenden Apfel- und Birnbäumen auch sehr reizvoll wäre. Die Wanderung eignet sich nämlich für jede Jahreszeit.

Da bald Mittagszeit ist und wir etwas essen möchten, zweigen wir nach Wolfhausen ab. Nach dem Mittagessen geniessen wir die schöne Aussicht auf den Bänken beim Bauernhaus Schwösterrain. Danach geht es am Behindertenheim Balm vorbei, wo es eine weitere Einkehrmöglichkeit gibt, beispielsweise für einen Kaffee. In einem Garten sehen wir

bereits die ersten Blumen blühen. In Kempraten könnten wir unsere Wanderung abbrechen, da sich dort eine Station der S-Bahn befindet. Wir wandern aber zum Trotz bis in die schöne Stadt Rapperswil weiter. Nicht zuletzt, weil ich an den malerischen Gestaden des Zürichsees bei

Rapperswil immer das Gefühl habe, in den Ferien zu sein.

Charakteristik:
Schöne Höhenwanderung mit Zürichsee-Blick – im Sommer angenehm, da auch Waldpartien vorhanden sind. Letzter Abschnitt etwas viel Hartbelag

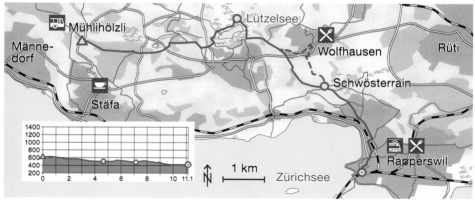

Wanderzeit: 3 h
Länge: 11,5 km
Höhendifferenz: 0 m bergauf, 0 m bergab

Winterwandern am Obersee

Anreise:
Mit der Bahn nach Rapperswil
Jahreszeit:
ganzjährig
Wanderkarte:
1:50 000 Rapperswil 226T
Schwierigkeit:
leicht
Startkaffee:
Caffè Spettacolo, Bahnhofplatz 6,
8640 Rapperswil-Jona/SG

Mittagessen:
Restaurant Schiffahrt, Dorfstrasse
43, 8715 Bollingen (Mai bis August täglich offen; September bis
April MI bis SO offen)
Rückreise:
Mit der Bahn ab Schmerikon
Weitere Infos:
www.wurmsbach.ch
www.cgjung.net/tour/

Bollingen befindet sich etwa auf halber Strecke zwischen Rapperswil und Schmerikon. Der Ort ist nicht nur am See gelegen, sondern hatte auch eine ganz besondere Bedeutung im Leben von C.G.Jung, dem Begründer der analytischen Psychologie und einer der bedeutendsten Denker des letzten Jahrhunderts. Ein wichtiges Refugium für ihn war sein «Turm», eine historische Villa mit Bootshaus, in dem er vor allem im Alter fast die Hälfte des Jahres verbrachte.

Es ist Februar, kalt, und es liegt immer noch ziemlich viel Schnee auf dem Wanderweg. Wir starten in Rapperswil-Jona und wandern vorerst durch das Naturschutzgebiet am oberen Zürichsee, kommen beim

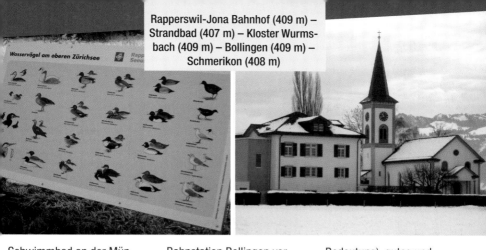

Schwimmbad an der Mündung der Jona vorbei, wandern knapp einen Kilometer nordwärts der Jona entlang und erreichen das Kloster

Bahnstation Bollingen vorbei. Grund für die Aufhebung war die zu weite Entfernung vom Dorf und die zu geringen Frequenzen. Heute dient

Bedeutung), gutes und preiswertes Essen (für uns umso wichtiger). Nach dem Essen nehmen wir noch den Rest des Weges bis Schme-

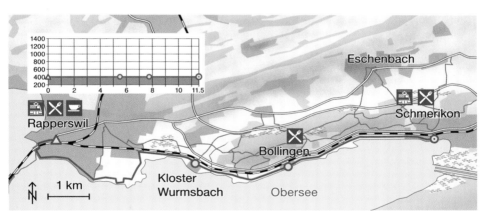

Mariazell-Wurmsbach. In der Homepage www.wurmsbach.ch kann man Interessantes über das Zisterzienserinnenkloster lesen. Auf unserem weiteren Weg, mehr oder weniger parallel zu den Geleisen des Voralpen-Express, kommen wir an der 2004 aufgehobenen

die Station als Wohnhaus. Bald sind wir in Bollingen mit seiner hübschen Kirche und dem darunter liegenden kleinen Rebberg. Natürlich finden wir auch hier ein gutes Restaurant. Das «Schiffahrt» liegt direkt am See, hat eine schöne Terrasse (für uns heute leider ohne

rikon unter die Füsse. In Schmerikon sieht man den Bauboom auf Schritt und Tritt. Viele neue Wohnbauten schiessen aus dem Boden.

Charakteristik:
Flachwanderung am oberen Zürichsee

97

Wanderzeit: 3 h
Länge: 10,2 km
Höhendifferenz: 230 m bergauf, 200 m bergab

Mostindien

Anreise:
Mit der Bahn nach Frauenfeld
Jahreszeit:
ganzjährig
Wanderkarte:
1:50 000 Frauenfeld 216T
Schwierigkeit:
leicht/mittelschwer
Startkaffee:
Cafe/Restaurant Hirt im Rhyhof, Rheinstrasse 11, 8501 Frauenfeld (täglich geöffnet)
Mittagessen:
Restaurant Sonne, Hauptstrasse

47, 8546 Islikon (Ruhetage: SO und MO)
Greuterhof Islikon, Hauptstrasse 15, 8546 Islikon (Ruhetage: SO und MO)
Restaurant Raben, Stegenerstrasse 3, 8547 Gachnang (Ruhetage: SO bis MI)
Rückreise:
Mit der Bahn ab Islikon
Weitere Infos:
www.alfred-huggenberger-gesellschaft.ch
www.greuterhof.ch

Dass wir als Berner den Heimatdichter Alfred Huggenberger aus der Ostschweiz kennen, ist eigentlich nicht ganz selbstverständlich. Und doch habe ich eine persönliche Beziehung zu ihm. Auf einer Schulreise der Sekundarschule machten wir in der neunten Klasse einen Ausflug in die Ostschweiz und hatten die Möglichkeit, den Schriftsteller zu besuchen, mit ihm zu sprechen und ihm die Hand zu drücken. Das kam so, weil unser Klassenlehrer Kurt Fahrni in Gerlikon aufwuchs und ihn gut kannte. Südlich von Frauenfeld trifft man auf weisse Wegweiser, die mit «Auf den Spuren von Bernhard Greuter und Alfred Huggenberger» beschriftet sind. Auf den angegebenen Homepages lese ich Interessantes dazu.

Wir passieren das Schloss von Frauenfeld, kommen beim Bad vorbei und sind dann beim Kleinwasserkraftwerk an der Königswuhr, das die Energie aus der Murg bezieht. Im Wald steigt der Weg auf einer breiten Naturstrasse etwa 100 Höhenmeter leicht an. Beim Waldaustritt an diesem

Frauenfeld (405 m) – Obere Hungerschbüel (510 m) – Gerlikon (545 m) – Altwinget/Huggenberger Gedenkstätte (559 m) – Cholgrueb (529 m) – Islikon (422 m)

herrlichen Frühlingstag sehen wir bereits Gerlikon und finden kurz darauf auch das Wohnhaus des Dichters. Das Wahrzeichen von Gerlikon ist die kleine Kapelle aus dem 13. Jahrhundert. Ein Besuch lohnt sich. Wir wandern weiter und unterqueren die Autobahn. Etwas ausserhalb auf einer kleinen Anhöhe befindet sich die Gedenkstätte für «Alfred Huggenberger – Dichter der Heimat 1867–1960», wie man auf der Tafel des grossen Steins lesen kann. Es gibt Ruhebänke hier und so nehmen wir uns gerne Zeit, den mitgebrachten Apéro zu geniessen. In Islikon könnten wir den Greuterhof besichtigen bzw. auch dort essen, lassen es aber sein, weil wir bereits vorher im andern Restaurant reserviert hatten.

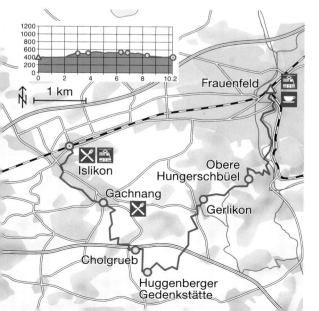

Charakteristik:
Wanderung durch eine anmutige Landschaft zu einem Denkmal eines berühmten Heimatdichters

Wanderzeit: 3 h
Länge: 11,4 km
Höhendifferenz: 60 m bergauf, 60 m bergab

Alles dem Fluss entlang

Anreise:
Mit der Bahn ab Weinfelden oder Gossau nach Bischofszell, Stadt
Jahreszeit:
ganzjährig
Wanderkarte:
1:50 000 Arbon 217T
Schwierigkeit:
leicht
Startkaffee:
Café Jordi, Marktgasse 15,

9220 Bischofszell (Ruhetage: SO und MO)
Mittagessen:
Landgasthof zur alten Herberge, Staatsstrasse 35, 9246 Niederbüren (Ruhetag: MO)
Rückreise:
Mit dem Bus ab Oberbüren, Post nach Uzwil oder Wil
Weitere Infos:
www.bischofszell.ch

Nach Bischofszell wollte ich schon lange mal. Ich habe bereits viel gelesen und ge-

hört über die schöne Altstadt und die prächtigen Bauten, wie die Stadtkirche St. Pela-

gius, das zierliche Rathaus, die Grubenmannhäuser von 1743–1745 an der Kirchgasse oder das Plattenmosaik am Bogenturm, das die Heimkehr der tapferen Bischofszeller aus der Schlacht am Gubel, 1531, darstellt. So steigen wir erwartungsvoll aus der Bahn und schlendern durch die Altstadt bis zu unserem Startkaffee am Ende der Marktgasse. Es ist wirklich ein Bijou, dieses Kleinstädtchen. Rechts von uns nun ein altes Industrieareal, die stillgelegte Papierfabrik. Wir lesen an der Fassade, dass sich hier eine alte Papiermaschine befindet. Sie kann von Frühjahr bis Herbst an jedem ersten Sonntag besichtigt werden.
Wir sind nun vor der acht-

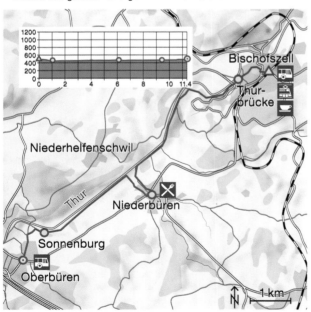

jochigen Brücke über die Thur, der grössten noch erhaltenen spätmittelalterlichen Brücke der Schweiz. Der Sage nach hat eine Frau von Hohenzorn diese steinerne Brücke für ihre zwei im Hochwasser ertrunkenen Söhne gestiftet. Anstelle eines sonst üblichen Brückenzolls sollte ein Vaterunser für alle Mütter der Welt gebetet werden. In den letzten Jahren waren umfangreiche Sanierungsmassnahmen nötig. Orografisch gesehen wandern wir nun rechts der Thur und eine Zeitlang dem Oberwasserkanal des Industrieareals entlang. Die ganze Gegend ist als Auengebiet bezeichnet und entsprechend geschützt. Wir sind auf dem Teilstück des Thurwegs von Wil nach Bischofszell (fast 50 km lang). Dieser Weg führt im Gesamten von Wildhaus im Toggenburg bis

zur Kantonsgrenze TG/ZH bei Oberneunform. Die thurgauischen Teilstücke wurden zum Jubiläum 200 Jah-

re Kanton Thurgau der Bevölkerung geschenkt. Der Umweg nach Niederbüren zum Mittagessen lohnt sich. Der Landgasthof zur alten Herberge ist ein Besuch wert. Das Essen und die Bedienung sind hervorragend. Das Reststück der Wanderung bis Oberbüren ist gut zum Verdauen.

Charakteristik:
Schöne Flussuferwanderung mit vielen geschichtlichen Zeugen

Wanderzeit: 3 h 45 min
Länge: 12,9 km
Höhendifferenz: 310 m bergauf, 460 m bergab

Mit Blick auf den Alpstein

Anreise:
Mit den Appenzeller Bahnen nach Gais

Jahreszeit:
ganzjährig (im Winter mit violetten Wanderwegmarkierungen)

Wanderkarte:
1:50 000 Appenzell 227T

Schwierigkeit:
mittelschwer/anspruchsvoll

Startkaffee:
Bäckerei-Konditorei Böhli, Rhän,

9056 Gais (täglich geöffnet)

Mittagessen:
Berggasthaus Hoher Hirschberg, Hohe Hirschbergstrasse 58, 9050 Appenzell Meistersrüte (Ruhetag: MI; im Winter DI ab 17h00 und MI)

Rückreise:
Mit den Appenzeller Bahnen ab Appenzell

Weitere Infos:
www.appenzell.info

Mit meinem Wandergrüppli bin ich ein paar Tage in Gais zum Wandern. Gestern bestiegen wir bei sehr viel Regen den Gäbris. Heute ist schönstes Sommerwetter – ideal für diese Wanderung auf den Hirschberg. Wir starten in Gais beim Bahnhof und wandern in Richtung Zwislen. Wir hätten nun bereits die erste Möglichkeit zum Hirschberg zu gelangen, indem wir geradeaus gehen würden. Wir machen jedoch noch eine Schlaufe via Starkenmühle. Auch nicht zuletzt deshalb, weil der Aufstieg so weniger steil ist. Das Feuchtgebiet vor Starkenmühle ist ein «Totales Pflanzenschutzgebiet», wie wir auf einer grossen weissen Tafel lesen können. Eine wirklich schöne und liebliche Gegend.

Bei Starkenmühle überqueren wir den Widenbach und halten bergwärts. Auf einem weiten Feld wird auf einer Infotafel der Kampfverlauf der Schlacht am Stoos vom 17. Juni 1405 beschrieben, ebenso der mythische Held Ueli Rotach. Er sei in seinem Haus allein von einer österreichischen Schar angegriffen worden, habe sich tapfer gewehrt und einige Gegner getötet. Schliesslich sei sein Haus in Brand gesetzt wor-

Foto: Fritz Hani

Gais (915 m) – Zwislen (914 m) – Starkenmühle (945 m) – Golterberg (1174 m) – Hoher Hirschberg (1168 m) – Hütten (1052 m)– Strahlhütten (1006 m) – Äbisegg (867 m) – Appenzell (785 m)

den, und er sei «unbesiegt» in den Flammen umgekommen.

Beim Punkt 1029 können wir uns entscheiden zwischen der Strasse und einem etwas steilen Wald- und Wurzelweg bis Golterberg. Die Strasse ist einfacher, wir müssen sie aber mit den Bikern teilen. Wir erleben reinstes Wandervergnügen bis zum Waldausgang, wo wir den Hohen

Hirschberg vor uns haben. Im Restaurant hat es neben Wanderern auch viel Volk, das mit dem Auto angereist ist. Das stört uns heute nicht so stark, weil wir als grössere Gruppe den einen Teil der Terrasse gleich für uns in Anspruch nehmen. Wir lassen uns die Siedwurst mit Chäshörnli, begleitet mit einem Appenzeller Bier gut schmecken. Die Aussicht auf den Alpstein ist ebenfalls

wunderbar hier oben. Der Abstieg nach Appenzell ist angenehm. Der Hohe Hirschberg kann auch im Winter jederzeit über den präparierten und gut bezeichneten Winterwanderweg zu Fuss erreicht werden.

Charakteristik:
Wanderung mit mässigem Auf- und Abstieg und gewaltiger Aussicht

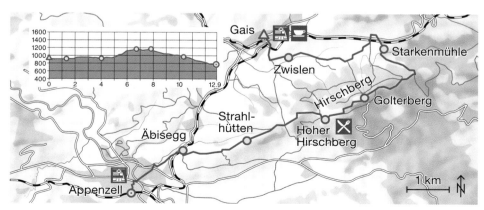

Wanderzeit: 1 h 45 min
Länge: 5 km
Höhendifferenz: 60 m bergauf, 40 m bergab

Über Sumpf und Stein

Anreise:
Mit den Appenzeller Bahnen nach Jakobsbad
Jahreszeit:
ganzjährig
Wanderkarte:
1:50 000 Appenzell 227T
Schwierigkeit:
sehr leicht
Startkaffee:
Talrestaurant der Kronberg-Luftseilbahn, 9108 Jakobsbad (ganzjährig geöffnet)

Mittagessen:
Restaurant Mühleggli, Dorfstrasse 83, 9108 Gonten/AI (Ruhetag: DI)
Gasthaus Bad Gonten, Gontenstrasse 49, 9108 Gontenbad (Ruhetage: MI Nachmittag, DO ganzer Tag)
Rückreise:
Mit den Appenzeller Bahnen ab Gontenbad
Weitere Infos:
www.barfusspark.info

Schotter. Nahe dem Bahnhof Jakobsbad gibt es eine Fühlstrecke mit unterschiedlichen Bodenbelägen und Balanciermöglichkeiten, nicht weit davon entfernt findet sich eine Wassertretstrecke im Bach. Zwischen Gonten und Gontenbad kann man freiwillig über längere Strecken im Schlamm waten und danach die Füsse waschen. Hier gibt es auch ein Kneipp'sches Armbadebecken. In Gonten und Gontenbad sind nahe dem Bahnhof Fusswaschmöglichkeiten installiert. Der Barfusswanderweg ist jederzeit zugänglich und kostet keinen Eintritt.
Der Wanderweg ist übrigens auch im Winter sehr gut präpariert und begehbar. Ob man sich dann getraut, barfuss zu wandern, ist eine andere Frage …

Diese Wanderung eignet sich gut für Familien und Gruppen. Das gemeinsame Erleben des Barfusswanderns macht mehr Spass. Ich selber war einmal hier mit meiner Familie und ein andermal mit meinem Wandergrüppli. Beide Male hatten wir riesig Spass.
Der insgesamt fünf Kilometer lange Barfusswanderweg verbindet die Eisenbahnstationen Jakobsbad, Gonten und Gontenbad und ist in beiden Richtungen ausgeschildert. Die markierte Route führt ohne grosse Steigungen oder Gefälle über Wiesen- und Weideflächen, meist auf sehr angenehmem grasigen Untergrund, gelegentlich auch über kurze Abschnitte mit Asphalt oder

Charakteristik:
Sinnliches Erlebnis für Gross und Klein

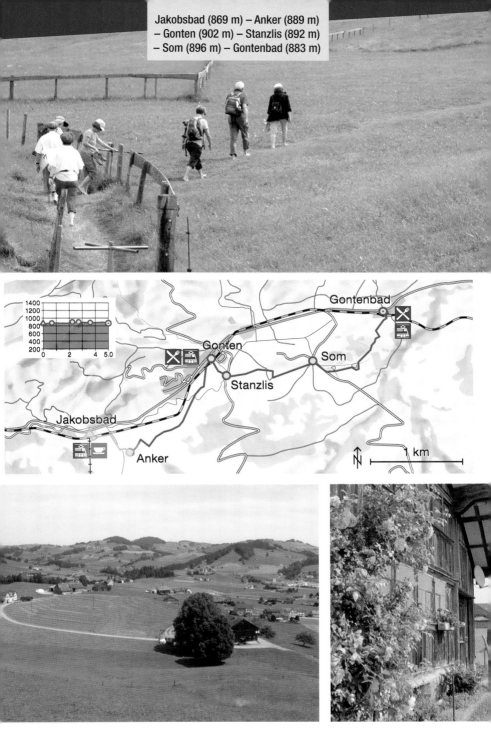

Jakobsbad (869 m) – Anker (889 m)
– Gonten (902 m) – Stanzlis (892 m)
– Som (896 m) – Gontenbad (883 m)

107

Wanderzeit: 3 h 30 min
Länge: 14,2 km
Höhendifferenz: 340 m bergauf, 310 m bergab

«Ghackets» mit Hörnli

Anreise:
Mit der Bahn nach Kreuzlingen
Jahreszeit:
ganzjährig
Wanderkarte:
1:50 000 Arbon 217T
Schwierigkeit:
mittelschwer
Startkaffee:
Hotel Bahnhof Post, National-
strasse 2, 8280 Kreuzlingen
(täglich geöffnet)

Mittagessen:
Wirtschaft Stelzenhof, Stelzen-
hofstrasse 11, 8570 Weinfelden
(täglich geöffnet: Mo bis Sa von
11 bis 24 Uhr, Sonn- und allg.
Feiertage von 9 bis 20 Uhr)
Rückreise:
Mit der Bahn ab Weinfelden
Weitere Infos:
www.thurgau-tourismus.ch

Ein Wandertipp in einer Zei-
tungskolumne von Thomas
Widmer inspirierte mich,
diese Wanderung selber zu
unternehmen. Allerdings be-
gann ich in Kreuzlingen und
hoffte damit, dass der «Stelzenhof» nicht wie bei ihm
noch geschlossen, sondern
geöffnet sei, wenn ich am

Mittag ankommen würde.
Und ich sollte Recht bekommen. Der «Stelzenhof» ist ab
11 Uhr geöffnet und hat
meinen Mittagshalt gerettet.
In Kreuzlingen ist es nicht
ganz einfach, den Weg zu
finden. Liegt es daran, dass
Kreuzlingen auf der Landes-
karte 1: 50 000 Arbon auf

der Rückseite aufgedruckt
ist, so dass sich zwei Wege
anbieten, wie man nach Süden gelangt? Mit einigen
Umwegen erreichte ich
schliesslich die Bahnstation
Kreuzlingen-Bernrain und
fand Wegweiser, welche mir
Bommer Weier und Weinfel-
den anzeigten.
Es ist ein kalter und windi-
ger Dezembertag. Vorbei an
den Bunkern des Kreuzlin-
ger Festungsgürtels aus
dem Zweiten Weltkrieg
sehe ich unvermittelt einen
der zugefrorenen Weiher. Die
Bommer Weier sind künst-
lich angelegte Teiche aus
dem 15. Jahrhundert, die
den Wasserzufluss zu einer

Foto: Fritz Hool

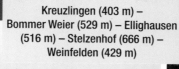

Kreuzlingen (403 m) –
Bommer Weier (529 m) – Ellighausen
(516 m) – Stelzenhof (666 m) –
Weinfelden (429 m)

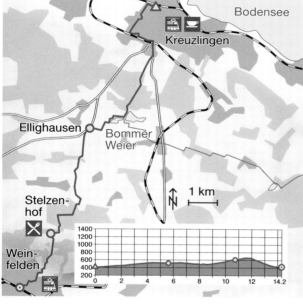

nahen Mühle steuerten. Später mussten sie nachgebessert werden. Heute steht das ganze Gebiet unter Naturschutz. Ich sehe einen Fischreiher, der erschrocken auf und davon fliegt. Ich kann fast nicht glauben, dass die ganze Szenerie nicht natürlich entstanden sein soll.

Bei Ellighausen entdecke ich rustikale Fachwerkhäuser und auch eine Wirtschaft. Im Wald unterwegs findet man wunderschöne Picknickplätze, falls man Lust hätte, sich aus dem Rucksack zu verpflegen. Wie Sie mich kennen, habe ich es vorgezogen, bis zum «Stelzenhof» weiterzuwandern. Dort gab es feines «Ghackets» mit Hörnli und dazu einen sauren Most. Nach dem Mittagessen wandere ich noch eine kleine Schlucht hinunter, und bald erblicke ich die mächtige Kirche von Weinfelden.

Charakteristik:
Gewellte Landschaften und schöne Wälder in Mostindien

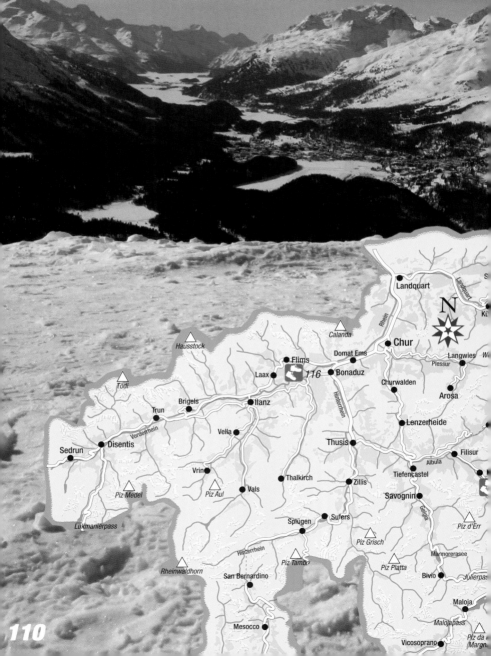

GRAUBÜNDEN

Samnaun

Ramosch

Silvrettahorn

Piz Linard

Ftan
Scuol

Guarda

Piz Lischana

lüelapass
Susch
varzhorn

Zernez

Brail

Ofenpass
Mustair

Inm
Piz Quattervals
Tschierv

Sta Maria

Piz Vadiglia

dan

114

ina

Berninapass

Piz Palü

111

Wanderzeit: 2 h 45 min
Länge: 7,2 km
Höhendifferenz: 450 m bergauf, 50 m bergab

Faszination Natur und Technik

Anreise:
Mit der Rhätischen Bahn nach Bergün/Bravuogn
Jahreszeit:
Juni bis Oktober
Wanderkarte:
1:50 000 Bergün/Bravuogn 258T
Schwierigkeit:
mittelschwer
Startkaffee:
Hotel Weisses Kreuz, Plaz 72,

7482 Bergün/Bravuogn (Betriebszeiten beachten)
Mittagessen:
Hotel Preda Kulm, 7482 Bergün/Bravuogn (Betriebszeiten beachten)
Rückreise:
Mit der Rhätischen Bahn ab Preda
Weitere Infos:
Bahnmuseum Bergün
www.bahnmuseum-albula.ch

Ein heisser Sommertag kündigt sich an. Der Gang durch Bergün erinnert mich an die Fernsehserie «Die Direktorin», welche in den 1990er-Jahren hier spielte. Das Dorf im Film hiess damals Ma-

druns. Zu beiden Seiten der ansteigenden Hauptstrasse reihen sich Häuser im Engadiner Stil aus dem 16. bis 18. Jahrhundert, mit Sgraffiti (Fassadenmalereien), Erkern und Fenstergittern. Wa-

rum Engadiner Häuser im Albulatal? Nach Wikipedia waren Filisur und Bergün früher wirtschaftlich und kulturell eng mit dem Engadin verbunden.
Nun zum Wanderweg an der wunderbar angelegten Bahnstrecke des UNESCO-Weltkulturerbes: Am Anfang wandern wir dicht der Albula entlang, bis der Weg beim Campingplatz zu steigen beginnt. Die Route ist mit «Bahnlehrpfad» gut bezeichnet und mit Infotafeln versehen. Das Rauschen des wilden Bergbaches wird uns

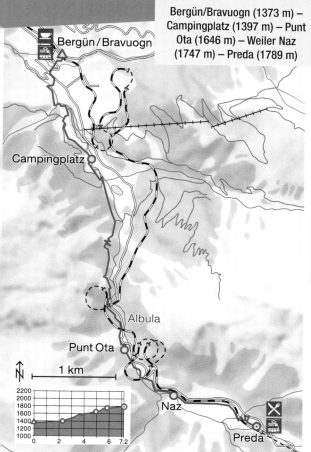

Bergün/Bravuogn (1373 m) – Campingplatz (1397 m) – Punt Ota (1646 m) – Weiler Naz (1747 m) – Preda (1789 m)

Bergün / Bravuogn

Campingplatz

Albula

Punt Ota

Naz

Preda

1 km

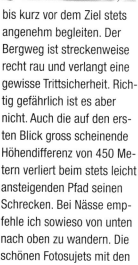

bis kurz vor dem Ziel stets angenehm begleiten. Der Bergweg ist streckenweise recht rau und verlangt eine gewisse Trittsicherheit. Richtig gefährlich ist es aber nicht. Auch die auf den ersten Blick gross scheinende Höhendifferenz von 450 Metern verliert beim stets leicht ansteigenden Pfad seinen Schrecken. Bei Nässe empfehle ich sowieso von unten nach oben zu wandern. Die schönen Fotosujets mit den Kontrasten zwischen Natur und Technik kommen erst in der zweiten Hälfte zur Geltung. Bei Punt Ota z. B. zeigt sich einem die ganze Szenerie: Viadukte, Kehrtunnels, Passstrasse, die rauschende Albula, Wälder, blauer Himmel und Menschen – das sind die Elemente, die sich mit dem Fotoapparat in fantastischen Bildern einfangen lassen. Im Bahnmuseum in Bergün lernen wir später, dass die Albulastrecke von 1898 bis 1904, also in sechs Jahren, gebaut worden ist. Bei der Planung hat man eine grosse Zahl von Varianten der Streckenführung studiert. Verglichen mit heute war das vor über 100 Jahren eine unglaubliche Leistung. Wenn man bedenkt, dass sie damals weder Helikopter noch Computer und all die technischen Hilfsmittel kannten.

In Preda kehren wir im Restaurant Preda Kulm ein, wo ich einen kalten Teller mit einem sauren Most auf der Terrasse geniesse.

Charakteristik:

Historisch attraktive Wanderung mit vielen Kontrasten von unberührter Natur und technischen Bauwerken

Wanderzeit: 2 h (Variante rot)
Länge: 4,4 km
Höhendifferenz: 270 m bergauf, 270 m bergab

Tolle Aussicht und philosophische Weisheiten

Anreise:
Mit Bus oder Bahn nach Punt Muragl und mit der Standseilbahn nach Muottas Muragl

Jahreszeit:
Mitte Dezember bis Anfang April

Wanderkarte:
Spezielle Winterwanderkarte des Tourismusbüros Pontresina

Schwierigkeit:
leicht/mittelschwer

Startkaffee/Mittagessen:
Romantik Hotel Muottas Muragl, 7503 Samedan (Wintersaison: Mitte Dezember bis Anfang April – Sommersaison: Anfang Juni bis Ende Oktober)

Rückreise:
Mit der Standseilbahn ab Muottas Muragl und mit Bus oder Bahn ab Punt Muragl

Weitere Infos:
www.muottasmuragl.ch

«Diese Berge, diese Weite, dieses Licht». Diesen Werbespruch der Touristiker des Oberengadins kann man, verbunden mit einem wunderschönen Bild mit der Aussicht von Muottas Muragl, überall lesen. Ich bin sonst eher kritisch eingestellt gegen die Sprüche der Werbeleute. Mit diesem Slogan bin ich aber voll einverstanden, weil er hält, was er verspricht. Für mich ist Muottas Muragl wirklich der schönste Aussichtspunkt des Oberengadins.

Die Fahrt mit der Standseilbahn ist zwar nicht billig, weil der Betreiber weder GA noch Halbtaxabos akzeptiert, aber es lohnt sich. Die Länge der Bahn beträgt 2199 Meter und die Höhendifferenz 709 Meter. Kürzlich wurde sie saniert und auf den letzten technischen Stand gebracht. Angekommen bei der Bergstation, geniessen wir im neu umgebauten Restaurant den Startkaffee auf der Terrasse mit überwältigender Sicht. Direkt unter uns ist Celerina,

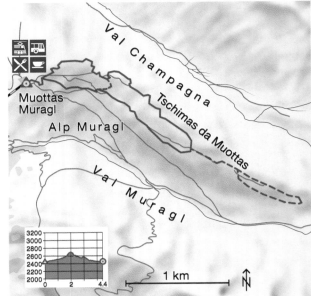

Variante rot : Muottas Muragl Bergstation (2454 m) – 2507 m – 2621 m – 2610 m – 2568 m – Muottas Muragl Bergstation (2454 m)

weiter vorn St. Moritz und die Engadinerseen.

Der Philosophenweg ist als Winterwanderweg sehr gut präpariert. Es gibt drei mit den Farben rot, schwarz und blau beschriftete Varianten. Die Angaben im Buch beziehen sich auf den rot bezeichneten Weg mit einer Wanderzeit von zwei Stunden. Für die schwarze Zusatzschlaufe, die am Wendepunkt des roten Weges abzweigt, braucht man zusätzlich ca. eine Stunde. Auf der blauen Variante wandert man etwa eine Stunde. Sprichworte oder tiefsinnige Gedanken von neun Philosophen sind hier auf Schrifttafeln, verteilt über den ganzen Weg, zu finden. Ganz wunderbar zur Winterlandschaft hier oben passt der Spruch von Stefan Zweig «Winter, das ist hier Glanz, Sonne, Klarheit, Licht, Hei-

terkeit mit Reinheit». Besser und schöner kann es kein Werbespruch ausdrücken.

Charakteristik:
Genussvolles Winterwandern auf dem Philosophenweg mit herrlicher Aussicht

115

Wanderzeit: 3 h
Länge: 10,1 km
Höhendifferenz: 80 m bergauf, 300 m bergab

400 Meter über dem Rhein

Anreise:
Mit der Bahn nach Chur, weiter mit Postauto nach Flims, Post
Jahreszeit:
ganzjährig
Wanderkarte:
1:50 000 Sardona 247T
Schwierigkeit:
leicht
Startkaffee:
Hotel Vorab, Via Nova 38, 7017 Flims Dorf (Betriebsferien: ab Mitte April drei Wochen und Mit-

te Oktober bis Mitte Dezember)
Mittagessen:
Restaurant Conn und Holzerheim, 7017 Flims (Offen: Sommersaison bis Mitte Oktober – Wintersaison ab Mitte Dezember, Betriebszeiten beachten)
Rückreise:
Mit Postauto von Trin Mulin nach Chur, weiter mit der Bahn
Weitere Infos:
www.ruinaulta.ch

Knapp 400 Meter unter uns windet sich die Rheinschlucht. Wir stehen auf der 2006 errichteten Aussichtsplattform bei Conn. Architektin war die Churerin Corinna Menn. Die Plattform wird «der Mauersegler», auf Romanisch «Il Spir», genannt.

Die dreieckige Form sieht aus wie die ausgebreiteten Flügel des «im Original» etwa 20 Zentimeter grossen Vogels. Es ist wirklich atemberaubend, fast wie ein Vogel über der Schlucht zu schweben. Blenden wir rund 10 000 Jahre zurück. An

dieser Stelle liegen die Geröllmassen des Flimser Bergsturzes. Nach Wikipedia soll der Flimser Bergsturz rund 300-mal grösser gewesen sein soll als derjenige von Goldau und gar rund 1200-mal grösser als der von Elm. Es soll sogar der zweitgrösste der Welt sein. Der Rhein musste sich also seinen Weg durch dieses Geröll bahnen. Dem heutigen Besucher bietet sich dadurch ein fantastisches Naturschauspiel. Und man liest nicht ohne Grund vom «Grand Canyon der Schweiz». Wir planten diese Wanderung als Winterwanderung. Zwei Tage vorher gab es al-

Flims (1059 m) – Waldhaus (1099 m)
– Conn (960 m) – Lag la Cresta
(844 m) - Trin Mulin (828 m)

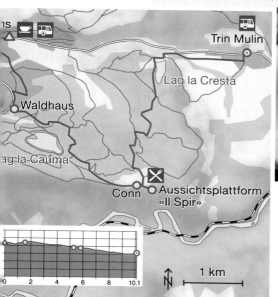

Trin Mulin

Lag la Cresta

Waldhaus

ag la Cauma

Conn

Aussichtsplattform
«Il Spir»

0   2   4   6   8   10.1

N

1 km

lerdings einen so starken
Wärmeeinbruch, dass der
gesamte Schnee wegge-
schmolzen war. Wir glaubten
schon, staubige Schuhe zu
bekommen. Wunderbarer-
weise hatte es dann einen
Tag vor unserer Wanderung
wieder zu schneien begon-
nen, so dass die Wanderung

in dichtem Schneetreiben
stattfindet. Wirklich mystisch
ist es deshalb, durch den
wunderschönen Fichten-
und Tannenwald zu wan-
dern. Einen Wermutstropfen
bringt das Wetter aber mit
sich, wir können das Berg-
Panorama rings um Flims
nicht bestaunen. Das Res-

taurant Conn und die Aus-
sichtsplattform liegen etwa
auf halber Strecke und sind
ideal geeignet, die Mittagspause dort einzuschalten. Es
führen viele Wege zum Lag
la Cauma oder zum Lag la
Cresta. Die Zahl der Wegva-
rianten ist beeindruckend,
und dennoch läuft man nie
Gefahr, sich zu verirren.

Charakteristik:
Durch schöne Wälder zu
einer atemberaubenden
Aussichtsplattform und
malerischen Seen

WALLIS

Miex

Les Diablerets

Monthey

Morgins

St-Maurice

Grand Muveran

Ovronnaz
Leytron
Saillon

Champéry

Evionnaz

Dents du Midi

Dents Blanches

Rhône

La Tzoumaz

Finhaut

Martigny

Verbier

Lac d'Emosson

Le Châble

La Dranse

Champex

Orsières

Aig. du Tour

Liddes

Bourg
St-Pierre

Ferret

Granc

Grand Golliat

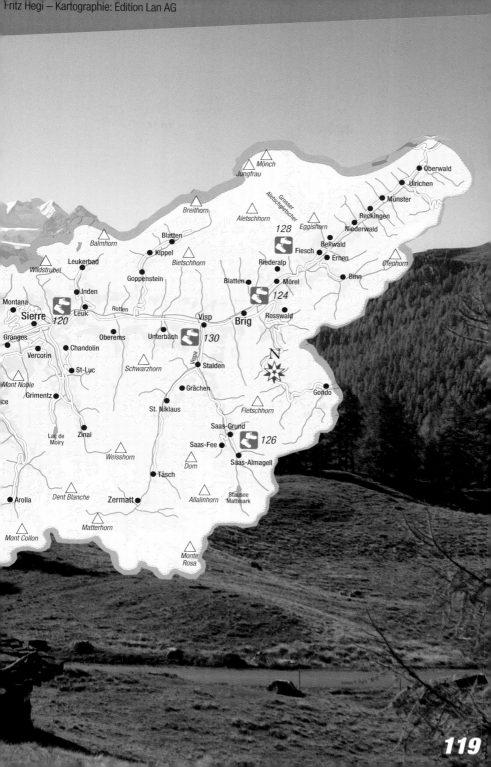

Wanderzeit: 4 h (bis Varen 3 h)
Länge: 12,3 km
Höhendifferenz: 450 m bergauf, 350 m bergab

Auf dem Weinwanderweg

Anreise:
Mit der Bahn nach Sierre/Siders
Jahreszeit:
ganzjährig
Wanderkarte:
1:50 000 Montana 273T
Schwierigkeit:
mittelschwer/anspruchsvoll
Startkaffee:
Restaurant, Café Buffet de la Gare, avenue de la Gare 3, 3960 Sierre/VS

Mittagessen:
Restaurant Varensis, Dorfstrasse 56, 3956 Varen (Ruhetage: MI / SO ab 16.00 Uhr) und Café de la Poste, Dorfstr. 33, 3953 Varen (Ruhetage: MO-Nachmittag, DI)
Rückreise:
Mit der Bahn ab Station Leuk oder mit dem Bus ab Varen Frayen nach Leuk Bahnhof bzw. Sierre und weiter mit der Bahn
Weitere Infos:
www.cheminduvignoble.ch

Es gibt aktuelle Ereignisse, von denen man noch nach Jahren genau sagen kann, wann und wo man sich befand, als man davon erfuhr. Auch diese Wanderung ist fest mit einem Ereignis verbunden. Es war kurz nach Varen, mitten in den Rebbergen, als ich über das Handy vernahm, dass ein bekannter Bundesrat abgewählt worden sei. Ob mich die Abwahl freute oder ärgerte, spielt keine Rolle, sie bleibt so unvergessen und mit der Wanderung verknüpft.

Vom Bahnhof Sierre braucht es trotz der Wegweiser etwas Spürsinn, um den richtigen Einstieg zum Wanderweg Richtung Veyras zu finden. Beim Château de Muzot kommen wir in Berührung mit dem Dichter Rainer Maria Rilke. Er wohnte in diesem kleinen Schloss am Wegrand von 1921 bis 1923.

Der Kontrast der dunkeln Rebenstöcke zu dem weissen Schnee hat einen ganz

Sierre (533 m) – Muzot (647 m) –
Sprachgrenze Punkt 643 m –
Salgesch (581 m) – Varen (760 m) –
Leuk Station (634 m)

besonderen Reiz. Das gibt Fotos wie auf einem Gemälde. Weiter kommen wir an Erdpyramiden vorbei. Die Suone, welcher wir eine Zeitlang folgen, führt im Moment kein Wasser. Mit dem Überqueren der La Raspille in einem kleinen Tobel überschreiten wir die Sprachgrenze. Diese ist hier ziemlich scharf abgegrenzt. Wegweiser und Infotafeln sind jetzt nur noch deutsch angeschrieben.

Das Weinbaudorf Salgesch liegt auf der Höhe des Talbodens. Wir steigen durch wunderschöne Rebberge wieder etwas an und erreichen rechtzeitig zum Mittagessen Varen. Im Restaurant Varensis bestellen wir einen Walliserteller und zum Abschluss ein grosses Dessert. Auf dem kurzen Wegstück bis Leuk bzw. die Bahnstation Leuk ist gute Gelegenheit, das Essen zu verdauen und den Ausblick in einen der letzten naturbelassenen Wälder der Schweiz, den Pfynwald, und den imposanten Illgraben zu geniessen.

Charakteristik:
Etwas längere Wanderung durch Rebberge und über die Sprachgrenze

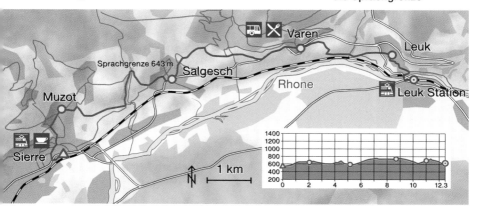

Wanderzeit: 3 h 40 min
Länge: 12,9 km
Höhendifferenz: 250 m bergauf, 250 m bergab

Suonenwanderung

Anreise:
Mit der Bahn nach Sion und von dort mit dem Bus nach Haute-Nendaz, station/poste

Jahreszeit:
April bis Oktober

Wanderkarte:
1:50 000 Montana 273T

Schwierigkeit:
mittelschwer

Startkaffee:
Café-Bar le Mazot, Route des Ecluses 2, 1997 Haute-Nendaz (täglich geöffnet)

Mittagessen:
Auberge-Restaurant Les Bisses, Route de Planchouet 208, 1997 Haute-Nendaz (Ruhetag: MI), Café-Restaurant de Planchouet, 1997 Haute-Nendaz (www.planchouet.ch) oder Café-Restaurant Chez Edith, Route de Siviez 137, 1997 Haute-Nendaz

Rückreise:
Mit dem Bus von Haute-Nendaz, station/poste, nach Sion und weiter mit der Bahn

Weitere Infos:
www.nendaz.ch

Steigt man nach einer kurvenreichen Fahrt von Sion auf der Terrasse von Haute-Nendaz bei der «Station/ Poste» aus dem Postauto, ist man überwältigt von den Auswirkungen eines wuchernden Tourismus. Riesige Häuser und eine Urbanität, die man so hoch oben nicht mehr erwarten würde.
Zum Glück ändert sich das aber rasch. Verlässt man nach ca. 300 Metern die Hauptstrasse und folgt dem Wanderweg Richtung Planchouet/Bisse du Milieu ist man plötzlich weg vom Rummel und läuft auf Naturwegen dem wunderschönen Wasserlauf einer Bisse (f) oder Suone (d) entlang. Sie heisst Bisse du Milieu und fasst das Wasser auf 1470 m ü. M., ist fünf Kilometer lang und im Jahr 1700 konstruiert worden. Diese Suone fliesst durch verschiedene Fichten- und Lärchenwälder, über Wiesen und durch Weiler. Bis zum Mittagshalt haben wir ca. 200 Höhenmeter zu bewältigen. Das ist aber keineswegs anstrengend, sondern ein Genuss, da sich diese Steigung über die ganze Länge der Bisse von fünf Kilometern gleichmässig verteilt. Bei der Kapelle von Bleusy marschieren wir ein kurzes Stück auf Asphalt. Das haben wir schnell vergessen, weil der folgende Abschnitt wieder traumhaft ist.
In Planchouet gibt es zwei Restaurants. Unsere Gruppe macht Halt in der «Auberge les Bisses» und wir genies-

122

Fotos: Fritz Heni

Haute-Nendaz (1325 m) – Bisse du Milieu (1351 m) – Le Bleusy (1413 m) – Planchouet (1516 m) – Lavantier (1551 m) – Eterpay (1442 m) – Haute-Nendaz (1325 m)

sen währschafte Walliser Käseschnitten. Auf der andern Talseite in Lavantier finden wir bei «Chez Edith» eine weitere Einkehrmöglichkeit. Und unterwegs hat es natürlich auch viele lauschige Plätze für Picknicks. Zuhinterst im Tal fährt die Gondel Richtung Mont Fort auf 3300 Meter hinauf. Von dort oben hätte man eine Rundsicht auf über 20 Viertausender, darunter das Matterhorn und der Mont Blanc.

Wir folgen aber der Bisse vieux (der alten Suone) auf einer Geländestufe höher zurück nach Haute-Nendaz. Die Bisse vieux hat folgende Eckdaten: Wasserentnahme auf 1580 m ü. M., Länge sechs Kilometer, erstmals 1658 erwähnt. Die Wanderung ist besonders schön im Herbst, wenn sich die Nadeln der Lärchen bunt färben.

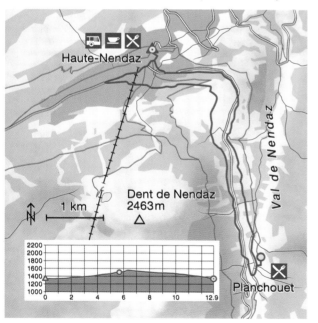

Charakteristik:
Angenehme Wanderung entlang zweier Suonen, starker Kontrast zwischen mondänem Touristenort und der Natur

123

Wanderzeit: 3 h
Länge: 8,0 km
Höhendifferenz: 180 m bergauf, 320 m bergab

Kostbares Wasser

Anreise:
Mit dem Postauto ab Brig nach Blatten, Post
Jahreszeit:
Mai bis Oktober
Wanderkarte:
1:50 000 Jungfrau 264T und Visp 274T
Schwierigkeit:
leicht / mittelschwer
Startkaffee:
Blattnerhof, Rischinusstrasse 1,

3914 Blatten b. Naters/VS (offen Mitte Juni bis Mitte Oktober)
Mittagessen:
Restaurant Alpenblick, 3986 Ried-Mörel
Rückreise:
Mit der Gondelbahn ab Ried-Mörel nach Mörel, weiter mit der Bahn
Weitere Infos:
www.suone.ch (Suonen und Bissen im Wallis)

«Ein Bergbauer aus dem Wallis hat mehr mit einem Bergbauern aus Nepal gemeinsam als mit einem Landsmann aus dem Schweizer Mittelland», liest man auf einer Infotafel bei der Gibidumbrücke. Die Bedeutung des Wassers wird einem auf dieser Wanderung an verschiedenen Stationen nähergebracht, ebenso der eindrückliche Bau der Wasserleitung (Suonen), deren Holzkänel auf abenteuerliche Weise an die hohen Felswände gehängt worden sind.

In Blatten folgen wir dem Wegweiser Ried-Mörel (Massaweg). Nach etwa 200 Meter zweigen wir rechts ab, überqueren einen Bach auf einer Holzbrücke und steigen in einem Märchenwald bergwärts. Der Weg senkt sich zur Gibidumbrücke. Die Massa führt wenig (Rest-)Wasser des obenliegenden Kraftwerkes. Den eigentlichen Suonenweg erreichen wir nach Gragg hoch über der Massaschlucht. Immer wieder treffen wir auf Infotafeln und Ruhebänklein.

Der Wanderweg ist zwar völlig gefahrlos, übermütig

Foto: Fritz Hani

Blatten (1327 m) – Punkt 1450 m –
Gibidumbrücke (1336 m) –
Punkt 1274 m – Ried-Mörel (1188 m)

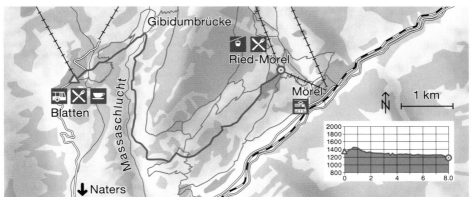

werden darf man aber trotzdem nicht. Rechts von uns fliesst tief in der Schlucht die Massa. Schwindelfreiheit ist deshalb Voraussetzung. Beim Verlassen der Schlucht öffnet sich uns ein grandioser Blick ins Rhonetal. Weit unter uns liegen Naters und Brig. Ein wunderschöner, bequemer Wanderweg entlang einer Suone und praktisch immer der Höhenkurve folgend führt uns nach Ried-Mörel. Im Restaurant Alpenblick, nicht weit von der Mittelstation Mörel–Riederalp, können wir uns zum

Abschluss dieser eindrücklichen Wanderung auf eine echte Walliser Käseschnitte mit Ei und Schinken freuen.

Charakteristik:
Hinauf durch den Märchenwald und angenehm kühl durch die Schlucht, allerdings nur für Schwindelfreie

125

Wanderzeit: 3 h 50 min
Länge: 9,5 km
Höhendifferenz: 200 m bergauf, 900 m bergab

Im alpinen Blumengarten

Anreise:
Mit dem Bus von Visp nach
Saas-Grund, Bergbahnen
Jahreszeit:
Juni bis Oktober
Wanderkarte:
1:50 000 Mischabel 284T
Schwierigkeit:
anspruchsvoll
Startkaffee:
Bergrestaurant Kreuzboden,
3910 Saas-Grund

Mittagessen:
Berghotel Almagelleralp, 3905
Saas-Almagell
Rückreise:
Mit dem Postauto ab Saas-Al-
magell, Post, via Saas-Grund
nach Visp und weiter mit der
Bahn
Weitere Infos:
www.saas-fee.ch

Ein Verwandter aus Australi-
en hat sich bereits zwei Mo-
nate vor der Wanderung an-
gemeldet und geschrieben,
dass er am 22. Juli 2010,
pünktlich um 7 Uhr 25 mit
seiner Frau am Treffpunkt in
Bern sei. Und so geschieht
es auch. Zwei Stunden später sind wir bereits oben bei
der Bergstation Kreuzboden
angelangt. Von Kreuzboden
bis Almgelleralp, wo wir das
Mittagessen planen, zeigt
der Wanderwegweiser eine
Zeit von 2 h 45 min an. Im
Wallis ist es ratsam, immer
noch etwas dazu zu zählen,
und so rechnen wir mit 3 h.
Der Weg steigt am Anfang
leicht an. Vor uns im Hang
zeichnet sich die weitere
Route ab, und wir denken,

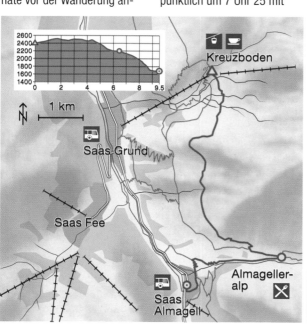

dass das eher ein Wanderweg denn ein Bergweg sei. Das ändert sich dann aber schlagartig. Anfangs sind die Steinplatten noch einigermassen gut der Schrittlänge und -höhe angepasst. Je weiter wir aber wandern, werden die Tritte immer höher und die Spalten dazwischen breiter. Man braucht nun fast die Geschicklichkeit eines Steinbocks, um den Weg zu meistern. Zum Glück ist dieses ruppige Wegstück nicht allzu lang. Die folgende Alpenpromenade ist schliesslich reinstes Vergnügen. Rechts von uns die majestätischen Walliser Alpen und links am Hang schönste Alpenblumen. Ein riesiges Feld voller Hauswurz. Die Blumen sind auf Tafeln vorbildlich dokumentiert und erklärt. Vor uns sehen wir in der Ferne die Staumauer des Mattmarkstausees. Die Almagelleralp entdecken wir schon recht früh. Allerdings müssen wir, bis wir dort sind, noch einige Zick-Zack-Kurven absolvieren. Das Mittagessen draussen auf der Terrasse schmeckt uns. Und auch die Serviceangestellten in echten Walliser Trachten sind eine Augenweide. Bis Saas-Almagell geht es nach der Mittagsrast noch recht steil hinunter.

Charakteristik:
Etwas anstrengende, aber lohnende Panoramatour in herrlicher Alpenflora

127

Wanderzeit: 3 h 30 min
Länge: 9,1 km
Höhendifferenz: 50 m bergauf, 480 m bergab

Wo ist der Märjelensee?

Anreise:
Mit Bahn und Luftseilbahn via Betten nach Bettmeralp, von dort aus mit der Gondelbahn auf das Bettmerhorn
Jahreszeit:
Juni bis Oktober
Wanderkarte:
1:50 000 Jungfrau 264T
Schwierigkeit:
mittelschwer
Startkaffee:
Bergrestaurant Bettmerhorn, 3992 Bettmeralp (Öffnungzeiten

im Sommer: Mitte Juni bis Ende Oktober täglich von 08.30 –16.30 Uhr)
Mittagessen:
Gletscherstube, 3984 Fieschertal www.gletscherstube.ch (Geöffnet: Anfang Juli bis Mitte Oktober)
Rückreise:
Mit der Luftseilbahn von Fiescheralp nach Fiesch, von dort aus weiter mit der Bahn
Weitere Infos:
www.aletscharena.ch

Die Wetterprognose für das Wallis wäre gegenüber der übrigen Schweiz eigentlich nicht schlecht. Auf der Bettmeralp (2000 m ü. M.) sind wir allerdings immer noch so stark im Nebel, dass wir selbst die berühmte Kapelle, 50 Meter vom Wegrand entfernt, nicht erkennen können. Wir glauben schon bald nicht mehr an eine sonnige Wanderung, als etwa 50 Meter unterhalb der Bergstation der Gondelbahn der Nebel aufreisst und wir im Sonnenlicht aussteigen können.
Der erste Blick auf den ge-

waltigen Aletschgletscher geniessen wir vom Aussichtspunkt, wo sich auch die Webcam befindet. Die

Masse des grössten Alpengletschers sind beeindruckend: 23 Kilometer lang, 1800 Meter breit und beim Konkordiaplatz über 900 m tief (Mächtigkeit). Aber auch dieser Gletscher wird Jahr für Jahr kleiner. Ich mag mich gut an eine Schulreise vor mehr als 50 Jahren erinnern, als wir beim Märjelensee vorbeikamen. Damals war der Gletscher noch so gross, dass sich der See hinter dem Eis aufstaute und riesige Eisbrocken im See schwammen. Heute sehen

Foto: Fritz Hari

Stn. Bettmerhorn (2647 m) – Roti Chumma (2369 m) – Märjelensee (2302 m) – Gletscherstube (2354 m) – Fiescheralp (2212 m)

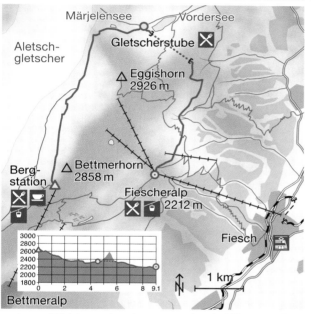

scherstube verpflegen wir uns notgedrungen nur mit Suppe und Kuchen, weil eine grosse Gruppe vor uns die ganze Menükarte leer gegessen hat. Der 1000 Meter lange Tälligrattunnel, 1859 als Wasserentlastungsstollen gebaut, dient heute als Abkürzung für Wanderer zur Alp «Obers Tälli». Er ist beleuchtet. Übrigens: Den ganzen Tag über wanderten wir bei schönstem Wetter.

wir vom Märjelensee in seiner ursprünglichen Form nichts mehr. Er hat sich auf ein Seelein verkleinert, dessen Umgebung voller Wollgras ist.

Vom Aussichtspunkt verläuft der Bergweg Richtung Rote Chumme (2369 m ü. M.) stets auf einem recht komfortablem Weg abwärts. Ein paar hundert Meter werden der Bezeichnung Bergweg allerdings mehr als gerecht. Es braucht auf dieser Strecke ein wenig Trittsicherheit. Etwa einen Kilometer Bergweg nach der Roten Chumme sehen wir den Märjelensee bzw. das, was von ihm übriggeblieben ist.

Im kleinen Restaurant Glet-

Charakteristik:
Bergwanderung mit grandiosen Ausblicken

129

Wanderzeit: 2 h 30 min
Länge: 6,9 km
Höhendifferenz: 180 m bergauf, 570 m bergab

Herbstgenuss im Lärchenwald

Anreise:
Mit der Bahn nach Visp und weiter mit dem Postauto nach Moosalp (Betriebszeiten beachten)

Jahreszeit:
Juni bis Oktober

Wanderkarte:
1:50 000 Visp 274T

Schwierigkeit:
mittelschwer

Startkaffee:
Bergrestaurant Dorbia Moosalp, 3923 Törbel (Betriebszeiten beachten: www.dorbia.ch) oder Bergrestaurant Moosalp, 3923

Törbel (Betriebszeiten beachten: www.moosalp.ch)

Mittagessen:
Restaurant Panorama, Bürchneralp, 3935 Bürchen, Sommersaison von Ende Mai bis Ende Oktober (Ruhetag: MO), Wintersaison von Anfang Dezember bis Ende März (täglich geöffnet)

Rückreise:
Mit dem Postauto ab Bürchen Egga nach Visp (Betriebszeiten beachten) und weiter mit der Bahn

Weitere Infos:
www.toerbel.ch

Auf dem Weg von Visp zur Moosalp fahren wir mit dem Postauto durch das Dorf Bürchen mit dem Werbeschild «Bürchen – das Birkendorf». Birken gaben dem Ort seinen Namen.
Nach einigen zusätzlichen

Kehren hält der Bus auf der Moosalp. Diesen schönen Flecken Erde kannte ich bisher nur aus der Fernsehsendung «Über Stock und Stein» von Nick Hartmann. In einer seiner Wanderetappen hat er mal hier im Zelt übernachtet. Man versichert uns im Restaurant, dass wir an diesem Tag einen Ausblick ins Tal fotografieren könnten, wie man ihn nur ganz selten erlebe. Das ganze Rhonetal bis weit hinein ins Matter- und Saasertal liegt unter einer dicken Nebelschicht ... wahrlich ein ungewöhnlicher Anblick im sonnenverwöhnten Wallis. Ein absolutes Muss und Highlight ist der kurze Abstecher auf den Stand, den höchsten Punkt auf der Moosalp und auf unserer Wanderung. Es ist der beste Aussichtspunkt der ganzen Wanderung. Um uns herum sind die 4000er der Walliser, aber auch der Berner Alpen zum Greifen nah. Im Süden Mischabelgruppe mit dem

Moosalp (2048 m) – Stand (2121 m)
– Breitmattsee (2047 m) –
Bürchneralp (1998 m) – Bürchen
Egga (1652 m) – Bürchen (1444 m)

höchsten Schweizer, dem Dom (4545 m ü. M.), und im Norden die schönste Pyramide und mitunter auch der schwierigste Beinahe-Viertausender der Schweizer Alpen, das Bietschhorn (3934 m ü. M.) – fantastisch! Nachdem wir die grandiosen Aussichten genossen haben, gehts eigentlich erst richtig los. Vorbei an zwei Bergseen und immer umgeben von bunten Lärchen kommen wir auf die Breitmatte. Von dort wandern wir mehr oder weniger der Höhenkurve entlang bis zur Bürchneralp. Das Restaurant Panorama finden wir kurz vor der Alp. Es hat eine schöne Aussenterrasse mit weitem Blick ins Rhonetal. Der Nebel unten in den Tälern löst sich langsam auf.

Nach dem Essen wandern wir ein kurzes Stück auf dem gleichen Weg, den wir kamen, und biegen dann links auf den ziemlich steilen Abstieg ab. Weil wir das Gefühl haben, unser Bedarf nach steilem Abstieg sei nun gestillt, nehmen wir bei der

Station Egga bereits das Postauto.

Charakteristik:
Herrliche Wanderung im Angesicht der Walliser und der Berner Alpen

131

WESTSCHWEIZ

Wanderzeit: 3 h
Länge: 12,9 km
Höhendifferenz: 0 m bergauf, 0 m bergab

Am Westschweizer Meer

Anreise:
Mit der Bahn nach Lausanne, weiter mit der Métro nach Ouchy
Jahreszeit:
ganzjährig
Wanderkarte:
1:50 000 Lausanne 261T
Schwierigkeit:
sehr leicht / leicht
Startkaffee:
Café du Vieil Ouchy, place du Port 3, 1006 Lausanne (täglich geöffnet ab 10.00 Uhr)
Mittagessen:
Restaurant La Plage, Avenue de la Plage 5, 1028 Préverenges (Ruhetag: SO)
Rückreise:
Mit der Bahn ab Morges
Weitere Infos:
www.lausanne-tourisme.ch
www.morges-tourisme.ch

Vom Bahnhof Lausanne ist man in wenigen Minuten in Ouchy und erlebt Feriengefühle. Der Genfersee kommt einem vor wie ein Meer, vor allem, wenn man Richtung Westen blickt und kein gegenüberliegendes Ufer mehr sieht.

Die neue Metro nach Ouchy wurde 2008 eröffnet. Vorher gab es bei der Baustelle einige Vorkommnisse, die etwas aussergewöhnlich waren. So stürzten 2005 beim Tunnelvortrieb unter dem Place Saint-Laurent mehrere hundert Kubikmeter durchnässte Erdmasse in die Tunnelbaustelle.

Die Schiffsflotte liegt im Winterschlaf. Es weht eine steife Bise und es ist kalt. Achtung: Beim Schwimmbad sind im Sommer und Winter zwei unterschiedliche Wege zu nehmen.

Der Weg bis Morges verläuft praktisch auf der ganzen Länge immer schön dem Ufer entlang. Wir denken schon, dass da der eidge-

Lausanne Ouchy (374 m) – Plage de Vidy (374 m) – St-Sulpice (374 m) – Préverenges (374 m) – Morges (380 m)

nössische Verfassungsartikel über den freien Zugang zu den Seeufern hier besonders sauber umgesetzt ist. Aber da gibt es eben doch Ausnahmen: Vor St-Sulpice zweigt der Weg rechts ab und verläuft hinter einigen direkt am Strand liegenden Villen. Bei den nächsten Häusern verläuft unser Weg wieder direkt am Ufer. Ob

diese Hausbesitzer weniger Einfluss hatten – oder den Wanderern einfach die Ufersicht gönnen?
Im Restaurant La Plage in Préverenges essen wir vorzüglich zu Mittag. Die Bedienung ist äusserst freundlich. Bei Morges sehen wir eine blühende Yucca mit schönen Blüten. Es handelt sich um Yucca gloriosa «variegata».

Sie gehört zu den frosthärtesten stammbildenden Yuccas (–18 bis –25°C). Das milde Seeklima lässt die Pflanze bis in den frühen Winter blühen.

Charakteristik:
Flachwanderung dem Wasser entlang

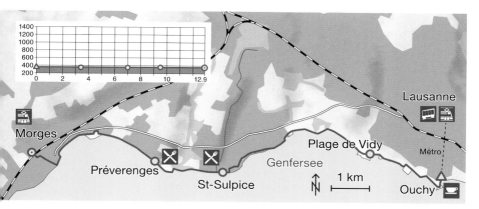

Wanderzeit: 3 h 10 min
Länge: 10,9 km
Höhendifferenz: 150 m bergauf, 150 m bergab

Weltkulturerbe am Genfersee

Anreise:
Mit der Bahn nach Lutry
Jahreszeit:
ganzjährig
Wanderkarte:
1:50 000 Lausanne 261T
Schwierigkeit:
leicht/mittelschwer
Startkaffee:
La Barca Restaurant Pizzeria,
Grand Rue 34, 1095 Lutry
(täglich geöffnet: 10h00–15h00

und 18h30–24h00)
Mittagessen:
Auberge du Vigneron, Route
de la Corniche, 1098 Epesses
(Ruhetage: Sommer MO, Winter
SO, MO) oder Auberge de l'Onde
1071 St-Saphorin (Ruhetage:
MO, DI)
Rückreise:
Mit der Bahn ab St-Saphorin
Weitere Infos:
www.lausanne-tourisme.ch

Verlässt der Zug nach Puidoux-Chexbres den Tunnel, sollte man auf der linken Seite sitzen. Der Blick über den Lac Léman und die Rebberge des Lavaux ist überwältigend. Die wunderbare Rebberglandschaft «Lavaux» zwischen Vevey und Lausanne ist seit 2007 als UNESCO-Weltkulturerbe anerkannt. Dass es vor Jahren nicht überbaut worden ist, verdanken wir dem engagierten Umwelt- und Kulturschützer Franz Weber, der sich unermüdlich für die Erhaltung dieser einst von Zisterziensermöchen im 12. Jahrhundert geschaffenen Weinberg-Terrassen eingesetzt hat.

Wir fahren bis Lausanne, wechseln auf den Regionalzug und steigen in Lutry aus. Der Wanderweg ist praktisch durchgehend mit Hartbelag ausgestattet. Das ist für uns Wanderer nicht ganz ideal. Für die Weinbauern hingegen ist es unabdingbar, damit sie das ganze

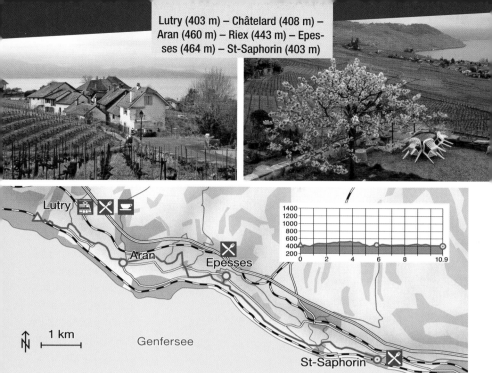

Lutry (403 m) – Châtelard (408 m) – Aran (460 m) – Riex (443 m) – Epesses (464 m) – St-Saphorin (403 m)

Jahr über die steilen Weinberge bewirtschaften können. Einen Vorteil hat es allerdings auch für uns Wanderer: Die Gegend besitzt auch im Winter einen sehr grossen Reiz, und die Wanderung kann deshalb auch bei Schnee unternommen werden.

Zu unserer Wanderung: Es ist Frühling und stürmisch. Die Wetterprognose sagte genau dieses Wetter voraus und es soll noch schlimmer werden. Für das Startkaffee machen wir einen kleinen Abstecher ins Dorf, weil in der Nähe des Bahnhofs keine Möglichkeit besteht. Der

Weg steigt bis Châtelard nun leicht an und führt dann in flacheren Stücken über Aran nach Grandvaux. Nach Grandvaux halten wir uns Richtung Riex. Der Wind wird nun heftiger und es beginnt stark zu regnen. Bei Epesses flüchten wir in die Auberge du Vigneron. Es ist Mittag und Zeit für gute Fische aus dem See und einen Wein aus der Gegend. Ein Gewitter zieht auf, so dass wir beschliessen, die Wanderung abzubrechen. Das Teilstück bis St-Saphorin wäre auch sehr schön. Wir kennen es bereits von früheren Wanderungen. In

der Stammbeiz von Charlie Chaplin im Restaurant de l'Onde wären wir auf jeden Fall noch eingekehrt.

Charakteristik:
Genusswanderung durch Rebberge; geeignet für jedes Wetter, da nur Hartbelag

137

Wanderzeit: 3 h
Länge: 10,4 km
Höhendifferenz: 310 m bergauf, 70 m bergab

Forellen und Absinth-Pralinés

Anreise:
Mit der Bahn nach Boudry
Jahreszeit:
März bis November
Wanderkarte:
1:50 000 Avenches 242T und
Val de Travers 241T
Schwierigkeit:
mittelschwer
Startkaffee:
Café-Restaurant du Pont,

Faubourg Ph.-Suchard 31, 2017
Boudry/NE (Ruhetag: MI)
Mittagessen:
Hôtel Restaurant de «la Truite»,
2149 Champ-du-Moulin (täglich
geöffnet)
Rückreise:
Mit der Bahn ab Noiraigue
Weitere Infos:
www.neuchateltourisme.ch

Steinschlag, Erdrutschen und Baumstürzen aufmerksam gemacht und es wird uns in Erinnerung gerufen, dass das Begehen auf eigene Gefahr erfolge. Wir wagen es trotzdem und bereuen es nicht. Die Schlucht ist wild, aber sehr schön. Wir begehen Tunnels, überque-

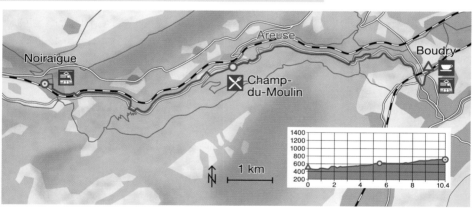

Von der Bahnstation Boudry gehen wir ganz kurz auf der Strasse Richtung Dorf. Im Café du Pont nehmen wir unseren obligatorischen Startkaffee. Etwas weiter vorne steht die mächtige, 1859 erbaute Eisenbahnbrücke. Sobald wir die Areuse

sehen, biegen wir scharf rechts ab und folgen dem Fluss, wandern unter der Eisenbahnbrücke durch und kommen zum ersten von vielen Kraftwerken. Auf einer Hinweistafel, gleich am Anfang der Schlucht, werden wir auf die Gefahren von

ren verschiedene Male den Fluss, der manchmal sehr tief unten sichtbar ist, oft liegt er aber auch direkt auf Augenhöhe mit uns Wanderern. Bei der Pont de l'Expo 02 gibt es einen grosszügigen Picknickplatz mit Bänken und Tischen. Wir schal-

Foto: Fritz Hani

ten einen Zwischenhalt ein.
Vorbei an dem zauberhaften
Wasserfall «Chute de la Ver-
rière» (10 min Wanderzeit)
kommen wir zum Restau-
rant de «la Truite». Wir müssen nicht lange überlegen,
was wir hier wohl essen
werden. Die Forellen aus der
eigenen Zucht schmecken
wirklich hervorragend.
Schliesslich kommt noch die

Brücke, welche auf fast jedem Foto der Gorge de
l'Areuse zu sehen ist. Eine
Bogenbrücke aus Stein. Eine
Wanderin in unserer Gruppe
empfiehlt uns, in Noiraigue
unbedingt die Confiserie F.
Jacot zu besuchen. Auf dem
Schild über dem Eingang
steht: «Fabrication de Pralinés et Spécialités en gros».
Das ist noch nicht so wahn-

sinnig aussergewöhnlich.
Speziell ist, dass wir hier im
Val de Travers sind, wo der
lange Zeit verbotene
Schnaps Absinth eine wich-
tige Rolle spielt. Eine wirkli-
che Rarität sind die Absinth-
Pralinés.

Charakteristik:
Aufstieg durch eine wilde
Schlucht

Wanderzeit: 3 h 45 min
Länge: 11,3 km
Höhendifferenz: 250 m bergauf, 680 m bergab

Im Schlund der Brecca

Anreise:
Mit der Bahn nach Fribourg und weiter mit Bus nach Schwarzsee, Gypsera, von dort mit der Sesselbahn auf die Riggisalp

Jahreszeit:
Ende Juni bis Oktober

Wanderkarte:
1:50 000 Gantrisch 253T

Schwierigkeit:
anspruchsvoll

Startkaffee:
Bärghuus Riggisalp, 1716 Schwarzsee (Betriebszeiten: Ende Mai bis Anfang November, bei trockener Witterung täglich geöffnet, MO–FR 09h00–17h00, SA/SO/Feiertage 08h30–17h30)

Mittagessen:
Alp Hubel Rippa (offen von Mitte Mai bis Ende September) – weitere Einkehrmöglichkeiten: bei Berghütten, überall wo Flaggen gehisst sind

Rückreise:
Mit dem Bus ab Schwarzsee, Bad nach Fribourg und weiter mit der Bahn.

Weitere Infos:
www.schwarzsee.ch

schlungen werden? Der Anfang der Wanderung sieht sehr ansprechend und einfach aus. Weite Alpweiden und Naturwege, wie es sich Wanderer wünschen. Der markante Bergspitz rechts vor uns ist die Spitzflue (nomen est omen). Bei Untere Euschels halten wir uns rechts Richtung Stierenberg. Wir blicken hinunter auf den Schwarzsee. Beim Punkt

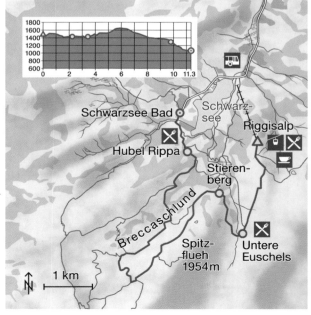

Damit die Wanderung unter 4 h bleibt, nehmen wir bis Riggisalp die Sesselbahn. Dadurch ersparen wir uns den Aufstieg über rund 400 Höhenmeter. Wir folgen den braunen Wegweisern «Urlandschaft Brecca» und den gelben Wegweisern «Breccaschlund». Das klingt unheimlich. Ob wir da ver-

140

Riggisalp (1484 m) – Untere Euschels (1442 m) – Stierenberg (1416 m) – Rippetli (1483 m) – Punkt 1636 m – Cerniets (1522 m) – Hubel Rippa (1134 m) – Schwarzsee Bad (1054 m)

1483 geht es links auf den Bergweg, denn wir wollen ja richtig in den Schlund hinein. Links von uns türmen sich recht hohe Berge. Die Spitzflue ist ebenfalls links. Wir wandern auf dem Bergweg an Schneefeldern vorbei, die sich links und rechts unseres Weges befinden.

Der Weg ist aber noch schneefrei. Weiter vorn hat der Schnee den Bergweg noch voll im Griff. Wir diskutieren, ob wir umkehren sollen, entscheiden aber, das 150 Meter breite Schneefeld zu überqueren. Mit der nötigen Vorsicht, kleinen Schritten und mit Wanderstock-

einschlägen gelingt uns das problemlos. Es ist zu empfehlen, den Breccaschlund nicht, wie wir, Mitte Juni zu besuchen, sondern noch mindestens zwei Wochen zu warten, um eine höhere Chance auf schneefreie Wege zu haben. Auch die Berghütten sind Mitte Juni noch nicht ausgeflaggt, das heisst, ohne Schweizer Fahne sind sie noch nicht bewirtet. Im Kanton Freiburg gilt normalerweise: Wenn bei einer Berghütte eine Flagge aufgezogen ist, bekommt man dort auch etwas zu essen und zu trinken. Der Abstieg nach Schwarzsee Bad ist etwas steil.

Charakteristik:
Anstrengende Wanderung mit steilem Abstieg. Auf einigen Strecken ist Trittsicherheit wichtig.

Wanderzeit: 2 h
Länge: 5,3 km
Höhendifferenz: 500 m bergauf, 50 m bergab

Keine Angst vor der Schlucht

Anreise:
Mit der Bahn von Yverdon nach Vuiteboeuf

Jahreszeit:
Frühjahr bis Herbst

Wanderkarte:
1:50 000 Val de Travers 241T

Schwierigkeit:
mittelschwer

Startkaffee:
Hôtel de l'Ours, route de Sainte-Croix 7, 1445 Vuiteboeuf/VD (Ruhetag: MO)

Mittagessen:
Café-Restaurant du Jura, Rue du Jura 19, 1450 Ste-Croix (Ruhetag: MI) – sowie diverse Restaurants in Ste-Croix

Rückreise:
Mit der Bahn ab Ste-Croix nach Yverdon

Weitere Infos:
www.musee.ch

Wir treffen uns an einem wunderschönen Tag am Bahnhof in Vuiteboeuf etwas ausserhalb des Dorfes. Zuerst wandern wir über eine weite Ebene, vor uns der Einschnitt der Schlucht von Covatanne bis zum Dorf, wo wir im Restaurant Bären

(l'ours) den Startkaffee geniessen. Wieder draussen eine grosse Überraschung, welche uns beinahe zwang, die Wanderung gar nicht antreten zu können. Die Schuhsohlen von Bernard haben sich an beiden Schuhen wie von selbst abgelöst.

Für Spott brauchte er nicht zu sorgen. Zum Glück hatte Peter seine Turnschuhe dabei, und so konnte die Wanderung dann doch noch begonnen werden.

Da sich Ste-Croix auf fast 1100 m ü. M. befindet, erwarten uns also 500 Höhenmeter, die es zu überwinden gilt. Mit gemischten Gefühlen nähern wir uns der Schlucht und steigen ein. Die Furcht ist unbegründet. Der Weg ist wunderbar angelegt, stetig ansteigend und gut gesichert. Entweder geht man direkt dem Bach entlang oder man erblickt ihn tief unten in der Schlucht. Im Herbst sind die Buchen ringsum wunderbar farbig.

Verlässt man den Wald, tritt man ins Wiesland und erhält eine atemberaubende Sicht in die Ebene, wo der südwestlichste Zipfel des Neuenburgersees gerade noch erkennbar ist. Kühe haben sich hingelegt und sind mit Wiederkäuen beschäftigt.

Vuiteboeuf Station (589 m) – Gorges
de Covatanne – Vers-chez-Jaccard
(1020 m) – Ste-Croix (1080 m)

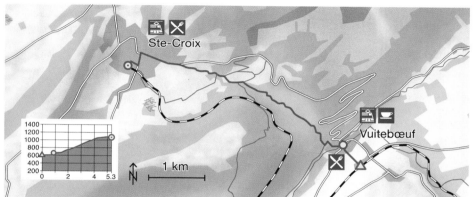

Die ersten Häuser von «Vers-chez-Jaccard» tauchen auf. Zwischen hier und Ste-Croix ist keine eigentliche Grenze mehr sichtbar. Und plötzlich steht man in Ste-Croix und erkennt nicht so genau, wo das Zentrum ist.

Was in Ste-Croix auf keinen Fall ausgelassen werden sollte, ist der Besuch im Spieldosen- und Automaten-Museum CIMA. Nach einem guten Essen lassen wir es uns nicht nehmen, rund eine Stunde im CIMA zu verweilen und zu staunen. Man entdeckt eine ausserge-

wöhnliche und wunderbare Welt und fühlt sich um Jahre in die Jugend zurückversetzt.

Charakteristik:
Wilde Schlucht und ein
Museum zum Schluss

143

Wanderzeit: 3 h 30 min
Länge: 10,8 km
Höhendifferenz: 250 m bergauf, 300 m bergab

Durch die wilde Jaunbachschlucht

Anreise:
Mit der Bahn nach Fribourg oder
Bulle, weiter mit dem Bus nach
Charmey (Gruyère), Corbettaz
Jahreszeit:
März bis Oktober
Wanderkarte:
1:50 000 Bulle 252T
Schwierigkeit:
mittelschwer
Startkaffee:
Brasserie-Terrasse «Au 1828»,

Rue du Centre 25, 1637 Char-
mey/Gruyère (täglich geöffnet)
Mittagessen:
Restaurant Abri des Marches,
Rte des Marches 16, 1636 Broc
(Ruhetag: MO)
Rückreise:
Mit der Bahn ab Gruyères
Weitere Infos:
www.lagruyere.ch

Von der Hauptstrasse weg
folgen wir dem Wegweiser
«Tour de presqu'ile» und
«Tour du lac». Schon bald
sehen wir links unten den
Stausee, der je nach Jahreszeit mehr oder weniger
gefüllt ist. Beim ersten Wegweiser folgen wir den beiden oben erwähnten Schil-

dern und nicht dem andern
Wegweiser, der links ab-
zweigt und ebenfalls «Tour
du lac» anzeigt. Unser Weg
führt nun alles dem Seeufer
des Lac de Montsalvens
entlang. Nach einigen hundert Metern kommen wir zur
Halbinsel. Wir könnten links
abzweigen und eine Zusatz-

schlaufe wandern, verzichten aber darauf und nehmen
stattdessen den direkten
Weg über die Hängebrücke.
Es ist der Nachteil eines
Stausees: Wenn er nicht voll
gefüllt ist, zeigt er seine
hässlichen, unnatürlichen
Uferpartien. Wie sind wir er-
leichtert, als wir bei der
Staumauer nicht die von
weitem sichtbaren, waghal-
sig anmutenden Treppen in
die Jaunbachschlucht (Gorges de la Jogne) benutzen
müssen. Ein steil abfallen-
der, aber normaler Wanderweg führt um die Gebäude
herum. Die Treppen dienen
lediglich als Dienst- und Un-
terhaltsstege für das Kraft-
werk. Die Jaunbachschlucht
ist an Wildheit kaum zu
übertreffen. Da sind Tunnels,
riesige Felsbrocken im
Flussbett, Hangabbrüche
und immer wieder kleine
Wasserfälle. Wir wandern
über Holzstege und Brücken.
Broc und die Schokoladen-
fabrik lassen wir rechts liegen und wandern stattdes-

Charmey (887 m) – Staumauer
(822 m) – Jaunbachschlucht (709 m)
– Forcel (728 m) – Les Marches
(713 m) – Station Gruyères (746 m)

sen in Richtung Gruyères. Bei der Wallfahrtskirche «Notre Dame des Marches» gibt es neben der Kapelle auch ein Restaurant. Das Städtchen Gruyères ist in der Ferne zu erkennen. Ein kurzes Stück der Saane entlang, über eine Holzbrücke

und wir sind am Hügel von Gruyères angelangt. Da wir das Städtchen von früheren Wanderungen her kennen, verzichten wir auf den Aufstieg und spazieren direkt zur Bahnstation. Wer hingegen noch nie in Gruyères war, kommt um einen Be-

such des pittoresken Städtchens nicht herum.

Charakteristik:
Einfache Wanderung, grösstenteils auf Naturwegen mit mittleren Steigungen und durch eine spektakuläre Schlucht

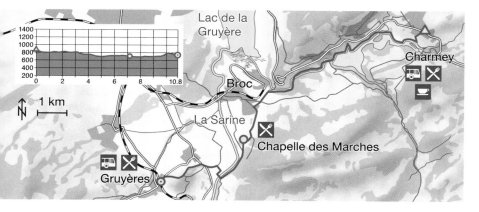

Wanderzeit: 3 h
Länge: 11,5 km
Höhendifferenz: 150 m bergauf, 300 m bergab

Papstbesuch 753 n.Chr.

Anreise:
Mit der Bahn nach Croy-Romainmôtier

Jahreszeit:
März bis November

Wanderkarte:
1:50 000 La Sarraz 251T

Schwierigkeit:
leicht

Startkaffee:
Fleur de Farine, Rue du Bourg, 1323 Romainmôtier (Ruhetage: MO + DI)

Mittagessen:
Restaurant O Sole Mio, Rte de la Foule 14, 1315 La Sarraz (Ruhetag: SO)

Rückreise:
Mit der Bahn ab La Sarraz

Weitere Infos:
www.romainmotier.ch

den Namen «Romanum monasterium». Nach der Eroberung der Waadt durch den Kanton Bern wurde das Kloster 1536 aufgehoben und die Klosterkirche 1537 in eine reformierte Pfarrkirche umgewandelt.

Auf dem gleichen Weg wandern wir nach Croy zurück. Gleich darauf, in der Schlucht «Gorges du Nozon», erwarten

Wir steigen bei Croy-Romainmôtier aus dem Zug. Der nächste Bus nach Romainmôtier fährt erst in einer Stunde. Die Kirche dort wollen wir auf jeden Fall besuchen. Wir nehmen den kleinen Umweg gern in Kauf, da wir zu unserer Überraschung einem schönen Wasserlauf, dem Nozon, entlang wandern können. Unterwegs treffen wir auf alte Waschhäuschen und in Romainmôtier geniessen wir den etwas verspäteten Startkaffee.

Das Benediktinerkloster Romainmôtier wurde nach einer Legende von St-Romain, dem aus Saint-Claude

(Frankreich) stammenden «Vater des Juras», in der Mitte des 5. Jahrhunderts gegründet. Sogar der Papst besuchte im Jahr 753 das Kloster, daraufhin erhielt es

uns die herrlichen Wasserfälle «Cascade du Dard». Die Schlucht muss in der letzten Zeit grosse Stürme oder sonstige Unwetter erlebt haben. Viele Erdrutsche und

146

Romainmôtier (674 m) – Cascade du Dard (602 m) – Punkt 610 m – Ferreyres (560 m) – Tine de Conflens (500 m) – Côte à Moré (466 m) – La Sarraz (486 m)

umgefallene Bäume erinnern daran.

Nach Ferreyres und einem leichten Aufstieg folgt als weiteres Highlight die «Tine de Conflens», wiederum idyllische Wasserfälle. Unterwegs an einem lauschigen Plätzchen geniessen wir kleine Häppchen als Apéro mit einem Weissen vom Bielersee. Bis zum tiefsten Punkt der Wanderung bei Côte à Moré geht es nur bergab. Erst am Schluss der Wande-rung bis zum Restaurant in La Sarraz geht es noch ein paar Meter bergauf.

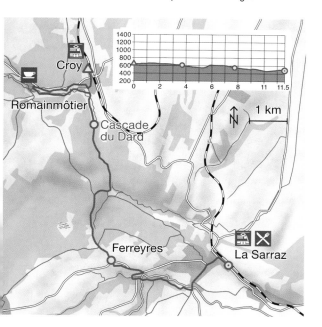

Charakteristik:
Verbindung von Kultur und Natur auf mühelosen Wegen

Wanderzeit: 4 h 30 min
Länge: 14,1 km
Höhendifferenz: 200 m bergauf, 200 m bergab

Kunst- und Kulturwanderung

Anreise:
Mit der Bahn nach Romont
Jahreszeit:
ganzjährig
Wanderkarte:
1:50 000 Bulle 252T
Schwierigkeit:
mittelschwer / anspruchsvoll
Startkaffee:
La Baie D'Halong, rue de la
Gare 1, 1680 Romont/FR
(täglich geöffnet)

Mittagessen:
Restaurant Pause Café, Route
de la Belle-Croix 18, 1680
Romont
Rückreise:
Mit der Bahn ab Romont
Weitere Infos:
www.romont.ch

Ist man mit dem Zug zwischen Lausanne und Fribourg unterwegs und sieht den gewaltigen Rundturm (Tour à Boyer aus dem 13. Jahrhundert), weiss man, dass man bei Romont durchgefahren ist. Heute steigen wir aus und begeben uns auf eine Kunst- und Kulturwanderung zu schönen Kirchenfenstern in und um Romont.

Vom Bahnhof in die Stadt Romont folgen wir dem braunen Wegweiser «circuit du vitrail» und haben zuerst einige Treppen zu steigen. Das malerische historische Städtchen mit Umfassungsmauer wurde nämlich auf einem Hügel erbaut. Eine bedeutende Touristenattraktion stellt das 1981 eröffnete Vitromusée Romont (Schweizerisches Museum für Glasmalerei). Wir besuchen die ersten beiden Kirchen in Romont: «Collégiale Notre-Dame de l'Assomption» (älteste Fenster aus dem 14. Jahrhundert) und die «Eglise abbatiale de la Fille-Dieu» (Fenster vom Engländer Brian Clarke). Ausserhalb dann der ultimative Wassertest für unsere Schuhe und Regenhosen: Der Wanderweg führt durch hohes klatschnasses Gras. Einige teure Markenartikel bestehen den Test nur ungenügend.

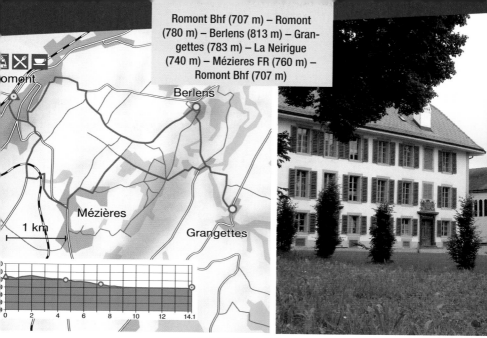

Romont Bhf (707 m) – Romont (780 m) – Berlens (813 m) – Grangettes (783 m) – La Neirigue (740 m) – Mézieres FR (760 m) – Romont Bhf (707 m)

1 km

Die folgenden Kirchen befinden sich in Berlens und Grangettes: In Berlens besuchen wir die «Chappelle Notre Dame de l'Epine» (seit dem Mittelalter), in Grangettes die «Eglise St-Maurice». Nach so viel Kultur- und Kunstgenuss regt sich nach der schönen Rundwanderung der Appetit nach etwas Währschaftem und wir gehen zum Mittagessen. Gestärkt geniessen wir noch den Museumsbesuch im «Musée Suisse du vitrail».

Charakteristik:
Rundwanderung zu sehenswerten Kirchenfenstern

149

Foto: Robert Sieber – Kartographie: Edition Lan AG

TESSIN

Wanderzeit: 3 h 15 min (plus evtl. 1 h zusätzlich)
Länge: 11 km
Höhendifferenz: 210 m bergauf, 280 m bergab

Tessiner Idylle

Anreise:
Mit dem Bus ab Locarno nach Someo

Jahreszeit:
ganzjährig (wenn kein Schnee)

Wanderkarte:
1:50 000 Val Verzasca 276T

Schwierigkeit:
mittelschwer

Startkaffee:
Osteria Grotto Alzasca, Ri Grant, 6674 Someo

Mittagessen:
Ristorante Giovanetti, 6677 Aurigeno (Ruhetag: DO)

Rückreise:
Mit dem Bus ab Ronchini, Paese nach Locarno und weiter mit der Bahn

Weitere Infos:
www.vallemaggia.ch

Someo erreichen wir bequem in 40 Minuten mit dem Bus ab Locarno. Das Startkaffee geniessen wir im einzigen Restaurant im Dorf. Der Wanderweg überquert nun die Maggia. Hier ist das Bachbett recht breit und bei Unwettern das Wasser sehr wild, so dass eine 340 Meter lange Hängebrücke – die längste im Maggiatal – gebaut wurde. Nach der Brücke halten wir links Richtung Aurigeno. Es folgen nun einige begrenzte Felder, welche heute als Weiden genutzt werden. Weiter kommen wir abwechselnd an Überresten von Erdrutschen mit Überflutungsablagerungen und feuchten Zonen vorbei. Wiesen und Weinberge mit mehreren Hütten folgen, ebenso eine Kapelle und ein Grenzstein. Die Brücke nach Giumaglio lassen wir links liegen und wandern weiter Richtung Lodano. Rechts von uns sind

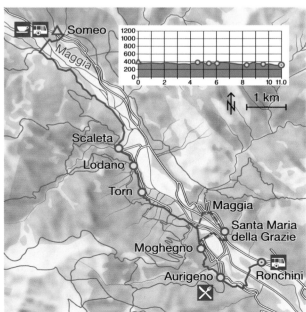

Fotos: Fritz Hegi, Robert Sieber

schroffe Felswände. Nach Lodano finden wir entlang eines Baches einige alte Wassermühlen. Das Tal wird nun etwas enger. Bald sind wir bei der Hängebrücke, welche nach Maggia hinüberführt.

Falls wir noch etwa eine Stunde mehr Zeit haben, lohnt sich ein kleiner Umweg zur «Chiesa Santa Maria delle Grazie», die etwas ausserhalb von Maggia südöstlich des Dorfes in der Nähe der Brücke nach Moghegno gelegen ist. Die Kirche wurde gegen 1500 um eine Kapelle herum gebaut, in

der sich ein anscheinend wundertätiges Bildnis der gnadenreichen Madonna befand. In eben dieser Kapelle finden sich die schönsten Fresken des gesamten Tales und dazu zahlreiche Kunstwerke aus der ersten Hälfte des 16. Jahrhunderts. Nach dem Besuch können wir über die Strassenbrücke wieder die Maggia überqueren und südlich von Moghegno auf den Wanderweg zurückkehren.

Die alten verfallenen Steinhäuser bei Ciossa und die Trockensteinmauern, welche die Terrains abgrenzen, sind

faszinierend. Nach dem Überqueren des kleinen Baches Ri di Dentro kommen wir an einer alten Mühle vorbei, die zu einem Ferienhaus umgebaut ist. Aurigeno bietet sich für den Mittagshalt an. Das Mittagessen verdauen wir auf dem 45-minütigen Marsch zur Busstation Ronchini, Paese auf der andern Seite der Maggia.

Charakteristik:
Schöne Talwanderung entlang der unverbauten Maggia, vorbei an alten Steinhäusern.

153

Wanderzeit: 2 h 30 min
Länge: 6 km
Höhendifferenz: 200 m bergauf, 530 m bergab

Viel Natur, Aussicht und ein Friedhof

Anreise:
Mit dem Postauto ab Lugano nach Carona Paese

Jahreszeit:
ganzjährig (Restaurants in Carona und Vicania haben von Dezember bis Februar Winterpause)

Wanderkarte:
1:50 000 Malcantone 286T

Schwierigkeit:
mittelschwer

Startkaffee:
Ristorante Posta, Via Cantonale, 6914 Carona (Ruhetage: MO und DI Vormittag)

Ristorante San Grato, Via San Grato, 6914 Carona (Ruhetag: DI)

Mittagessen:
Ristorante Vicania, 6921 Vico Morcote (Ruhetage: MO und DI)
Ristorante Barcaioli, Riva dal Drèra 3, 6922 Morcote (Ruhetage: DO, Juli/August täglich geöffnet)

Rückreise:
Mit dem Postauto ab Morcote, Piazza Grande nach Lugano und weiter mit der Bahn

Weitere Infos:
www.ticinoweekend.ch

Diese Wanderung kann grundsätzlich das ganze Jahr unternommen werden. Es ist aber zu bedenken, dass das Tessin ausserhalb der Zentren von Dezember bis Ende Februar in einen tiefen Winterschlaf verfällt. Wir merkten das deutlich als wir Mitte Januar in Carona unsere Wanderung mit einem Startkaffee beginnen wollten. Von den etwa vier Restaurants war kein einziges offen. Wo sich sonst während der Saison hunderte Touristen tummeln, war grosse Leere. Wir schätzten das sehr. Das Tessin im Winter ist zu empfehlen. Von den zwei Wegen, die am Ende von Carona (Piscina) bis zur Alpe Vicania alternativ gewählt werden können, entschieden wir uns für den linken. Er ist etwa gleich lang, hat zwar etwa 30 Höhenmeter mehr, ist aber von der Aussicht her attraktiver, weil zwischendurch immer wieder der Blick auf den Luganersee frei wird. Vor allem die Aussicht vom San Grato ist überwältigend. Der dortige botanische Park ist im Frühling/Sommer sehr berühmt für seine Blumenpracht. Die Wegweiser, ab denen wir von San Grato folgen, tragen zwei Nummern: die 52 für den «Sentiero Lago di Lugano» und die 2 für

Carona (597 m) – San Grato
(714 m) – Baslona (794 m) – Alpe
Vicania (659 m) – Punkt 505 m –
Morcote (273 m)

den «Trans Swiss Trail». Wie ein riesiges «S» schlängelt sich der «Sentiero Lago di Lugano» von Magliaso zum Monte Ceneri, in einem weiten Bogen der Grenze nach bis Lugano und via Morcote und dem Monte Generoso hinunter ins Mendrisiotto. Der «Trans Swiss Trail» führt von Porrentruy nach Mendrisio und ist eines der letzten grossen Abenteuer in der hochentwickelten Schweiz. Vielfältige Landschaften, Kulturen und Sehenswürdigkeiten warten auf 32 Etappen und 488 Wegkilometern. Unser Weg, den wir nun bis Morcote erwandern, ist aber ohne grosse Anstrengungen zu bewältigen. Einzig die langen Treppen nach Morcote hinunter verlangen Trittsicherheit und etwas Ausdauer. Die Wanderwege ab der Alpe Vicania sind zwar gelb bezeichnet, haben aber zeitweise den Charakter von rot/weissen Bergwegen. Den monumentalen Friedhof von Morcote sollte man unbedingt besichtigen. Bleibt noch etwas Zeit, ist der Parco Scherrer – geöffnet von Mitte März bis Ende Oktober – mit seiner tropischen, subtropischen und einheimischen Vegetation sowie den vielen Kunstwerken einen Besuch wert.

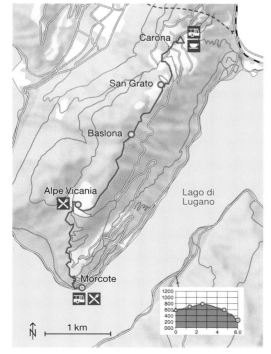

Charakteristik:

Wanderung durch Weiden und Wälder mit recht steilem und langem Abstieg über einen Treppenweg, Trittsicherheit ist nötig

155

Wanderzeit: 3 h 30 min
Länge: 11 km
Höhendifferenz: 420 m bergauf, 420 m bergab

Sentiero del Castagno

Anreise:
Mit der Bahn nach Lamone-Cadempino und weiter mit dem Postauto nach Arosio Paese

Jahreszeit:
ganzjährig (wenn kein Schnee)

Wanderkarte:
1:50 000 Malcantone 286T

Schwierigkeit:
mittelschwer

Startkaffee:
Ristorante Albergo San Michele 6939, Arosio (Ruhetage: DI und MI)

Mittagessen:
Osteria delle Zucchine, strada Cantonale, 6938 Vezio (Ruhetage: MO und DI bis 16h00)
Bar da Gio, 6938 Fescoggia (Ruhetag: DI)

Rückreise:
Mit dem Postauto ab Arosio Paese nach Lamone-Cadempino und weiter mit der Bahn

Weitere Infos:
www.ticino.ch

Der Kastanienweg ist durchgehend hervorragend mit «Sentiero del Castagno» und einem Symbol bezeichnet, so dass es nicht notwendig ist, den Wegverlauf speziell zu beschreiben. Ich erwähne hier lieber die Krankheit der Edelkastanien, die mir und vielen andern zu denken gibt. Uns fällt auf, dass die Wanderwege fast wie gereinigt wirken. Normalerweise liegen die Kastanien und ihre stacheligen Schalen im Herbst haufenweise auf den Wegen. Nach einem Artikel des Tagesanzeigers vom 3.10.2014 treibt seit einigen Jahren eine Gallwespe ihr Unwesen. Die ursprünglich aus China stammende Wespe ist 2009 vom Piemont in die Südschweiz eingewandert und macht sich in den Kastanienwäldern breit. Das Phänomen betrifft das Tessin, aber auch die Südbündner Täler und das Wallis. Die Wespe verursacht an den Ästen der Kastanienbäumen sogenannte Gallen, sprich Wucherungen. Diese entstehen, wenn sich in den Knospen aus den dort abgelegten Eiern Larven heranbilden. Die Bäume sterben nicht ab, hingegen werden ihre Produktivität und ihre Widerstandsfähigkeit stark gemindert. Es gibt jetzt aber Hoffnung auf einen Gegenspieler der Gallwespe in Form einer Schlupfwespe. Dieser Parasit wirkt wie ein Gegenmittel, da er die Larven in den Gallen abtötet und so die Ausbreitung der Gallwespe eindämmt. In Italien wurde er eingesetzt und hat bereits eine Besserung gebracht. Das BAFU (Bundesamt für

Fotos: Fritz Hegi

Arosio Paese (859 m) – Mugena
(810 m) – Molino (780 m) – Vezio
(782 m) – Fescoggia (832 m) – Ponte
(685 m) – Arosio Paese (859 m)

Umwelt) hat ein Gesuch im Tessin aus ökologischen Bedenken abgelehnt. Inzwischen ist diese Schlupfwespe aber von allein eingewandert.

Wir starten in Arosio wie üblich mit einem Kaffee in einem originellen Ristorante. Dann wandern wir auf dem nördlichen Teil des Rundweges nach Mugena. In gemütlichem Auf und Ab, fast alles auf Naturwegen, sind wir nach ca. 1,5 Stunden oberhalb von Vezio. Etwas hungrig machen wir einen Abstecher, um in Vezio Mittag zu essen. Der Aufstieg nach dem Essen ist zwar etwas hart, tut aber gut. Der südliche Teil des Wanderweges ab Fescoggia verläuft leider etwas viel auf Asphalt.

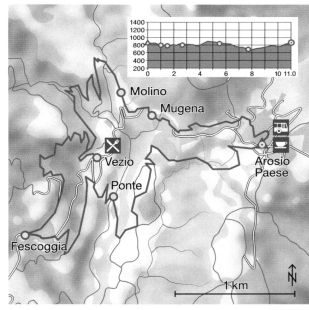

Charakteristik:

Ein thematischer Wanderweg, auf dem man Wissenswertes über den Anbau des Kastanienbaums und der Kastanienwälder erfährt.

157

Wanderzeit: 3 h 15 min
Länge: 8,7 km
Höhendifferenz: 400 m bergauf, 400 m bergab

Abstecher in die Tessiner Alpen

Anreise:
Mit der Bahn nach Airolo und weiter mit dem Bus bis Talstation Piotta, Fahrt mit der Standseilbahn bis Bergstation
Jahreszeit:
Ende Mai bis Oktober
Wanderkarte:
1:50 000 Valle Leventina 266T
Schwierigkeit:
mittelschwer
Startkaffee:
Berggasthaus Lago Ritom, 6776 Piotta-Piora (ab Mai bis Oktober)

Mittagessen:
Ristorante Canvetto del Carletto, Val Piora, 6777 Quinto (Betriebszeiten beachten)
Rückreise:
Mit der Standseilbahn nach Piotta, mit dem Bus nach Airolo und weiter mit der Bahn
Weitere Infos:
www.lagoritom.ch

nehmigt hatten. Der Wanderweg schlängelt sich in sanftem Auf und Ab stets dem linken Seeufer entlang. Der Naturlehrpfad ist neu angelegt und auf älteren Landeskarten (noch) nicht eingezeichnet.

Es ist eine karge Berglandschaft, in welche dieser schöne Stausee eingebettet ist. Am Ende des Sees steigen wir nach Cadagno di Fiori empor, die am Lago Cadagno gelegen ist. Das Ökosystem dieses Sees ist sowohl in der Schweiz als auch in Europa ein Unikum und wird im «Centro di biologia alpina di Piora» (Forschungszentrum für Alpine Biologie), welches sich in

Heute heisst es früh aufstehen! Wir steigen um 6.00 Uhr in Bern in den Zug und sind nach knapp drei Stunden in Piotta an der Talstation einer der steilsten Standseilbahnen Europas. Wir freuen uns auf die Fahrt mit einer Neigung von bis 87,5 Prozent. Tatsächlich kommen wir uns vor, als fahren wir in einem Lift. Eine Kuriosität gibt es: Die Geleise für den Materialtransport des Elektrizitätswerkes der SBB queren im rechten Winkel die Autobahn. Bei grossen Materialtransporten wird kurzerhand die Autobahn für

einen Moment gesperrt. Am Ende der Staumauer Ritom, die wir ab der Bergstation in knapp einer halben Stunde erreichen, startet unsere Naturlehrpfad-Wanderung, nachdem wir im Bergrestaurant den (etwas verspäteten) Startkaffee ge-

Stne Piora (1794 m) – Staudamm
Lago Ritom (1851 m) - Alpe di Piora
(1964 m) – Alpe Tom (2026 m) –
Staudamm Lago Ritom (1851 m) –
Stne Piora (1794 m)

der Nähe des Sees befindet, untersucht. Das untersuchte Phänomen heisst Meromixis und bedeutet, dass die saisonale Durchmischung verschiedener Wasserschichten fehlt. Im «Ristorante Canvetto del Carletto» essen wir typisch Tessinerisch: Brasato mit Polenta. Nach dem Mittagessen wandern wir auf die rund hundert Meter höher gelegene Alpe Tom mit dem gleichnamigen See und schliesslich wieder bergab und entlang des Ritomsees nach Piora zurück.

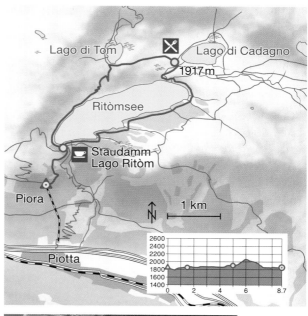

Charakteristik:

Uferweg mit einigen Steigungen und schöner Flora

159

WanderFritz ist Kult!

Zu Fuss unterwegs mit dem «Schweizer Wanderkönig»

Für jede Witterung und Jahreszeit kennt der Berner Fritz Hegi die passende Wanderung. Die leichten, zwei- bis vierstündigen Ausflüge führen durch abwechslungsreiche Landschaften, zu Sehenswürdigkeiten, historischen Orten und kulinarischen Genüssen.

«WanderFritz kennt die Schweiz wie kein Zweiter. Ich verlasse mich gerne auf seine Wandertipps.»
P.-L. Meier, Verleger Wandermagazin Schweiz

Fritz Hegi
Mit WanderFritz durch die Schweiz
Die 50 schönsten Wanderungen
144 Seiten | Softcover
durchg. bebildert | 14,5 x 21 cm
ISBN 978-3-03812-516-7